뚜벅이 김동현의 귀거래사

나도
　그대의
희망이고 싶다

나도 그대의 희망이고 싶다

초판 1쇄 인쇄 | 2020년 09월 23일
시 은 이 | 김동현
펴낸이 | 이승훈
펴낸곳 | 해드림출판사
주 소 | 서울 영등포구 경인로82길 3-4(문래동1가 39)
         센터플러스빌딩 1004호(우편07371)
전 화 | 02-2612-5552
팩 스 | 02-2688-5568
E-mail | jlee5059@hanmail.net

등록번호   제2013-000076
등록일자   2008년 9월 29일

ISBN   979-11-5634-429-2

뚜벅이 김동현의 귀거래사

나도 그대의 희망이고 싶다

김동현 에세이집

해드림출판사

책을 펴내며

뚜벅이의 생각과 삶의 편린들

 살아가면서 별명 한두 개쯤 없는 사람은 없을 것입니다. 별명은 사람의 외모나 성격 등의 특징을 바탕으로 남들이 지어주는 경우가 일반적입니다. 그래서 우리는 생판 모르는 사람도 별명만으로 그 사람이 어떤 사람인지 짐작할 수 있게 됩니다.

 저 역시 많은 별명을 가지고 있습니다. 학창 시절엔 도수 높은 검은 뿔테 안경을 쓴 모습이 백범(白凡)을 닮았다고 해서 '김구 선생', 얼굴이 크다고 해서 '큰 바위 얼굴', 우직하고 성실하다고 해서 '돌쇠'라는 별명으로 불리었습니다.

 직장 생활을 하면서 갖게 된 별명은 '종이 인형', '산소 같은 남자'입니다. '산소 같은 남자'는 30대 후반에 제가 전남도청 과장으로 갓 승진했을 때 같이 근무했던 선배가 붙여준 별명입니다. 나중에 민선군수까지 지내신 분으로, 제가 때묻지 않고 맑고 순수하다고 해서 붙여준 별명입니다. 좋은 뜻으로 지어준 별

명이지만 제 개인적으로는 세상 물정 모르는 사람으로 비추어지는 것 같아 그다지 탐탁지 않았던 별명입니다.

'종이 인형'은 전남도청 국장 시절에, 표정에 변화가 없어 희로애락을 잘 드러내지 않는다고 해서, 지금은 도청 국장의 반열에 오른 6급 여직원이 붙여준 별명입니다. 원래 과묵한 성격인데다 감정 변화를 속으로 갈무리하는 자기 통제의 습관이 몸에 밴 것이 포커페이스(Poker Face)처럼 보였던 것 같습니다. 제가 속마음은 정말 따뜻한 사람인데 잘 모르는 사람은 별명만 듣고 저를 차가운 사람으로 생각할까 봐 몹시 억울하였던 별명이기도 합니다.

'뚜벅이'는 제가 오십이 넘어 뒤늦게 갖게 된 별명으로 오랜 교분이 있는 지인이 붙여준 것입니다. 크게 화려하지는 않지만, 권모술수나 요령 피울 줄도 모르고 공직자로서 성실하게 한 길만을 묵묵히 걸어온 저의 삶이 뚜벅이를 연상시킨다고 해서 붙여준 별명입니다. 초임 사무관 시절에 저를 보고 저 친구가 과장으로나 승진할 수 있을까 생각했는데 1급 공무원까지 올라갈 줄은 몰랐다면서 '뚜벅이'라는 별명을 붙여주었던 것입니다. 뚜벅이는 제가 가장 좋아하는 별명입니다. 지금까지 저에게 붙여진 많은 별명 중에서 뚜벅이만큼 저를 잘 표현해 주는 별명은 없다고 생각합니다.

이 책에 실린 글들은 그 뚜벅이의 생각과 삶의 편린들을 있는 그대로 진솔하게 기록하고 있습니다. 2013년부터 제가 카카오스토리에 올렸던 150여 꼭지의 글 중에서 공무원으로서의 일상과 가족 이야기, 그리고 공직생활의 일화들을 추려서 실었습니다.

자기 이름이 새겨진 책을 펴낸다는 것은 기쁘기도 하지만 두렵기도 한 일입니다. 저는 평소 아내에게 사랑한다는 말 한 번

제대로 해 준 적 없는 남편이었습니다. 바쁘다는 핑계로 두 아이와도 대화 한번 제대로 해 본 적이 없는 무심한 아버지였습니다. 하지만 가족을 사랑하는 마음은 그 어떤 아버지 못지않을 것입니다. 이 책을 읽고 아내와 두 아이가 조금이라도 남편과 아버지를 이해하는데 도움이 된다면 더는 바랄 게 없을 것입니다. 그런 마음을 담아 펴낸 이 책을 아내와 두 아이에게 바칩니다.

2020년 늦여름에
북악을 바라보며
김동현

차례

책을 펴내며   4

1부   소소한 美學

일상

아름다운 소리	16
불면증	19
첫 염색	22
동백꽃과 인생	25
아드린느를 위한 발라드 Ballade Pour Adeline	27
밤에 흐르는 상념	31
출근길 풍경	34
선택의 기회비용	38
독일의 아우토반 풍경	42
퇴근길 풍경	45
초가을의 어느 하루	49
여승의 눈물	53
인생에 정답은 없다	57

용안사의 추억	60
건강	64
해우소	67
삼국지 서시序詩와 사무엘 울만의 청춘Youth	71
행복	76
낙엽 단상	80
화장실의 추억	83
송백松柏	87
항룡유회亢龍有悔	91
오빠	95
촌놈들의 서울 정복기征服記	100
대학 동창회	104

2부 나의 사랑 나의 힘

가족

아들의 긴 머리	108
명절이 주는 기쁨	111
선물	114
봄나들이	117
백년해로	121
아들의 꿈	125
어느 해 여름 휴가	129
성묘 단상	133
아내와의 쇼핑	137
조카 손녀 서은이	141
결혼기념일	145
화수분 유산	149
형의 자격	153
아내의 바람	157
풍수지탄風樹之嘆	161
사랑의 찬가 Hymne A L'amour	165
어머니(1)	168

아버지	172
조카의 영전	178
소부론 小富論	183
아내의 소원 _대전 이주기 移住記	188
어머니(2)	193
아들과 딸	197
큰누나의 추억	201

3부 뚜벅뚜벅 걸었던 길

공직

지리적 거리, 시간적 거리, 심리적 거리	207
청백리	211
백수 명상록	214
J 프로젝트와 새만금 개발	217
귀거래歸去來, 그리고 색소폰	221
새로운 시작, 새로운 도전	225
새벽 출근	229
공직자의 보람	232
하산下山	236
빛과 그림자	239
불완전할 사유	243
잔인한 달, 사월을 보내며	247
열정 시대의 유산	251
공직의 정점에 서서	254
상강湘江의 어부와 남산골 딸깍발이	257
어느 일요일의 풍경	261
나목裸木	265

명함	270
지방정부	274
소수집단 minority의 비애	278
도광양회 韜光養晦	283
고인돌 공원	288
순천청소년수련원 _30년 만의 방문	291
수구초심 首丘初心	296
조문 답례문 _삼가 感謝의 글 올립니다.	301

▼
▼
▼
▼

1부

소소한 美學

일상

아름다운 소리

이 세상에서 가장 아름다운 소리는 어떤 소리일까요? 조선 선조 때 일입니다. 어느 관리의 환송연에 모인 당대의 문장가들이 '이 세상에서 가장 아름다운 소리'라는 시제를 가지고 시를 지었습니다. 송강 정철은 '달빛을 가리고 지나가는 구름 소리'를, 일송 심희수는 '가을날 바람결에 들려오는 원숭이 울음소리'를, 서애 류성룡은 '새벽 잠결에 들리는 아내의 술 거르는 소리'를, 그리고 월사 이정구는 '산간 초당에서 선비가 시 읊는 소리'를 이 세상에서 가장 아름다운 소리로 꼽았다고 합니다. 그런데 네 사람의 이야기를 듣고 있던 백사 이항복은 빙그레 웃으면서 '동방 화촉 좋은 밤에 아름다운 여인이 옷 벗는 소리'만큼 듣기 좋은 소리는 없다고 했다지요.

　이런 소리도 아름답지만 그것들 말고도 이 세상에는 참으로 아름다운 소리가 많습니다. 아주 어렸을 적 잠자리에 들 때마다 어머니가 들려주던 자장가 소리는 지금도 잊지 못할 아련한 향수를 자아냅니다. 초등학교 시절 새벽 공기를 가르며 은은하게 들려오던 교회 종소리도 참으로 아름다웠습니다. 그래서 '아름다운 종소리가/ 새벽 종소리가/ 날아와 앉는다/ 내 귓가에'로 시작되는 '종소리'라는 동요를 무척 좋아했었지요. 중고시절에는 등하굣길에서 마주치던 여학생들의 재잘거리며 웃는 소리에 제 가슴이 방망이질치곤 하였죠. 고시 공부에 몰두했던 대학시절, 깊어가는 겨울밤에 호젓한 산사의 한옥 창호를 통해 들려오던 눈 내리는 소리도 잊을 수 없습니다. 눈 내리는 소리가 얼마나 듣기 좋았으면 김광균은 '설야(雪夜)'란 시에서 '머언 곳에 여인의 옷 벗는 소리'라고 표현했을까요? 결혼하고 아빠가 된 후에는 아들 녀석의 책 읽는 소리만큼 듣기 좋은 소리가 없더군요. 세상살이에 찌들면서 돈 세는 소리 역시 좋아지긴 했지만요.

　요즘 들어 저를 사로잡는 또 하나의 아름다운 소리가 있습니다. 바로 색소폰 소리입니다. 40~50대 남성들의 로망이 색소폰 연주라고 하던데 다행히 저는 면무식(免無識)은 한 것 같습니다. 2009년부터 배우기 시작해 이제 5년째 접어들었습니다. 저 자신은 여전히 불만족스럽지만, 주위 분들이 아마추어로서 그 정도면 어디 가서도 부끄럽지 않은 실력이라고 격려해주셔서 용기를 얻고 있습니다. 색소폰을 연주하고 있노라면 사랑도, 미움도, 기쁨도, 슬픔도 다 잊고, 때로는 나 자신까지도 잊고 음악 속에 침잠하게 됩니다. 마음의 평화와 위안이 온몸 구석구석 퍼져 나가는 것을 느낍니다.

작년에 중앙공무원교육원에서 1년 동안 교육받으면서 대한민국의 내로라하는 유명 강사들을 접할 행운을 가졌습니다. 그 중 어느 교수님 한 분이 강의 중에 행복한 삶을 위해서는 네 가지 동반자가 필요하다고 하셨던 말씀이 지금도 기억납니다. 행복한 삶을 위해서는 가족, 친구, 직장동료, 그리고 낭만적 동반자가 반드시 있어야 한다는 것입니다. 그러면서 아내가 낭만적 동반자가 될 수 있으면 가정 바람직하시만, 현실에서는 그 가능성이 별로 크지 않다고 하더군요. 그런데 낭만적 동반자가 반드시 사람(연인)일 필요는 없지 않을까요? 그런 점에서 전 참으로 다행스러운 사람입니다. 저에게는 이미 색소폰이라는 낭만적 동반자가 있으니까요.

(2013. 2. 24)

불면증

중앙공무원교육원에서 1년 과정의 장기교육을 끝마치고 집에서 대기하면서 인사발령을 기다리고 있는 지 4개월이 되었습니다. 무료함을 달래고자 어제저녁 지인 몇 사람과 번개 모임을 가졌습니다. 식사 후 그냥 헤어지기 서운하다고 해서 커피 한잔하고 헤어지기로 했습니다. 그런데 막상 나와서는 발길을 결국 술집으로 돌렸습니다. 역시 한국 사람들은 어쩔 수 없나 봅니다. 바에 가서 보드카 한 병을 시켜 마신 후 집에 들어오니 11시, 잠자리에 든 것은 자정 무렵이었습니다. 그런데 오늘 새벽, 잠에서 깨어 시계를 보니 3시 59분이더군요. 일어나기에는 너무 일러 다시 잠을 청하려고 해도 잠이 오지 않아 고생하다가 겨우 잠이 들었습니다. 한 시간 남짓 더 잔 것 같습니다.

　이런 현상은 불과 1년 전만 하더라도 없던 일입니다. 저는 원래 잠자리에 들어 베개를 베면 5분 이내에 코를 골기 시작하고, 한 번 잠이 들면 중간에 깨는 법 없이 아침까지 숙면하는 스타일입니다. 그런 생체리듬에 변화가 오기 시작한 것이 작년 3월 말경입니다. 그 당시 2달여 동안 저녁에 쉽게 잠들지 못하고 어렵게 잠이 들어도 중간에 깨거나 새벽에 일찍 깨어나 잠을 설치곤 했습니다. 생전 처음 겪는 일이었는데 불면증이 얼마나 고통스러운 것인지 그때 처음 알았습니다. 그 뒤 많이 좋아졌다가 최근 다시 불면증이란 반갑지 않은 손님이 저를 찾아온 것입니다.

　불면증이 다시 찾아온 원인의 하나가 인사발령 지연으로 백수 생활이 길어지면서 받는 스트레스 탓도 있겠지만 그보다는 나이를 먹으면서 예전에 없는 고민거리가 생긴 탓이 더 큽니다. 우선 건강에 대한 자신이 점점 없어집니다. 남자도 갱년기가 온다는데 가끔 우울한 느낌도 들곤 하는 것이 제가 꼭 그런 것 같습니다. 길어야 5~6년 남은 공직 생활을 어떻게 마무리하는 것이 좋을지도 걱정거리입니다. 은퇴 후의 삶에 대한 고민도 점점 커져만 갑니다. 그러면서 꿈과 열정을 가지고 무엇에 도전하기보다는 현재의 삶에 만족하고 현실에 안주하고 싶어집니다.

저도 그렇지만 많은 사람이 나이를 먹어 가면서 마음을 비우게 된다고 합니다. 그런데 이 '마음의 비움'이란 것이 욕망으로부터 해탈일 수도 있지만, 다른 한편으로 생각하면 식어가는 열정과 사라지는 용기, 그리고 위축되는 도전정신에 대한 자기 위안의 말일지도 모릅니다. 미래에 대한 걱정과 두려움이 저를 좀먹고 있는 요즘, 미국 시인 사무엘 울만의 '청춘'이란 시의 한 구절을 떠올리며 자꾸만 무기력해져 가는 저 자신을 다잡아 봅니다.

"청춘이란 인생의 어떤 한 시기가 아니라 어떤 마음의 상태다.
나이만 먹는다고 늙는 것이 아니다.
이상을 버릴 때 우리는 늙는 것이다."

(2013. 3. 3)

첫 염색

오늘 태어나서 처음으로 머리 염색을 했습니다. 40대 중반에 접어들면서 생기기 시작한 흰 머리카락이 처음에는 새치 수준이더니 몇 년 전부터는 점점 그 수효가 많아지기 시작했습니다. 그래도 작년까지는 적당히 보기 좋다는 말을 많이 들었는데 올해 들어서는 염색을 하는 게 좋겠다고 권하는 사람들이 더 많아졌습니다. 작년 12월 4일 교육 수료 후 3개월 이상을 집에서 대기하는 동안 흰머리가 부쩍 늘었기 때문입니다. 역시 사람은 한가로이 시간을 보내는 것보다는 땀 흘리며 열심히 일해야 젊음을 유지하는 것 같습니다.

나이가 들면서 흰 머리가 생기는 것은 거역할 수 없는 자연의 섭리입니다. 고려 말 학자 우탁은 탄로가(歎老歌)에서 "한 손에 가시 쥐고 또 한 손에 막대 들고/ 늙는 길 가시로 막고 백발은 막대로 치려 했더니/ 백발이 제 먼저 알고 지름길로 오더라"라는 시조를 지어 늙음을 한탄했습니다. 이백도 장진주(將進酒)에서 "고당명경비백발 조여청사모성설(高堂明鏡悲白髮 朝如靑絲暮成雪 ; 높은 저택에 앉아 거울에 비친 백발을 슬퍼하나니, 아침엔 푸른 실 같던 머리카락이 저녁에 눈처럼 희어졌네)"이라고 탄식했습니다. 우탁이나 이백의 한탄처럼 세상의 그 어떤 영웅호걸도 세월의 흐름을 거스를 수는 없습니다.

그런데 제가 자연의 섭리를 거스르고 염색을 하게 된 것은 두 가지 이유 때문입니다. 하나는 아내에 대한 미안함 때문입니다. 우탁이 또 다른 탄로가에서 '이따금 꽃밭을 지날 때면 죄지은 듯하여라'라고 노래했듯이 하얗게 세어가는 머리를 그대로 두는 것은 사랑하는 사람에게 미안한 일입니다. 또 다른 이유는 저의 색소폰 연주곡 CD 표지에 실을 사진을 찍기 위함입니다. 최근 저는 제가 직접 색소폰으로 연주한 곡들을 담을 CD 제작에 몰두해 있습니다. 그동안 신세 진 지인들에게 선물로 드릴 예정인데 이왕이면 좀 더 젊고 멋진 모습의 사진이 실린 CD를 선물하고 싶습니다.

백발인 채 살아가는 것도 보기 좋고 염색을 해서 젊어 보이는 것도 좋은 일입니다. 하지만 분명한 것은 백발이 이 세상을 열심히 살아온 사람들에게 세월이 주는 훈장이라는 사실입니다. 그래서 성경도 "백발은 영광의 면류관이며 의로운 삶에서 얻어지는 것이다."라고 말하고 있는 것입니다. 건강한 사회는 젊은이의 열정과 패기, 그리고 노인들의 지혜와 경륜이 조화를 이룬 사회입니다. 한 올 두 올 늘어가는 흰 머리카락을 탄식하고 있기보다는 젊은이들과 끊임없이 교감하고 소통하면서 근사한 은발의 노신사로 늙고 싶습니다. 솔직히 말씀드리면 늘어가는 흰 머리카락 보다 성글어지는 머리숱이 더 고민되는 요즘입니다.

(2013. 3. 14)

동백꽃과 인생

제가 사는 아파트의 화단에는 동백나무들이 심어져 있습니다. 오늘 점심 약속이 있어 외출했다가 집으로 돌아오는데 주차장 양편에 조성된 화단의 대조적 모습이 눈에 들어왔습니다. 햇볕이 잘 비치는 남향 쪽 화단의 동백꽃들은 거의 다 졌지만, 북향 쪽 화단의 동백꽃들은 아직도 아름다운 자태를 뽐내고 있었습니다.

대조적인 동백꽃의 모습을 보면서 우리 인생 역시 다를 바 없다는 생각이 들었습니다. 조진조퇴(早進早退), 대기만성(大器晚成)의 이치가 그 속에 담겨 있다는 생각이 들었습니다. 청년

출세(靑年出世)를 중년상처(中年喪妻), 노년무전(老年無錢)과 더불어 인생의 3대 실패라 말씀하신 분의 이야기도 제 머리를 스치고 지나갔습니다.

젊었을 때는 남보다 앞서가기 위해 노력했지만, 나이 50이 넘고 보니 그것이 반드시 좋은 것만은 아니라는 사실을 깨닫게 됩니다. 등산할 때 정상에 먼저 올라간 사람은 먼저 내려와야 하는 이치를 생각하면서 이제는 좀 더 여유롭고 편안한 마음으로 삶을 관조할 수 있을 것 같습니다.

(2013. 4. 4)

아드린느를 위한 발라드
Ballade Pour Adeline

한국 사람들이 좋아하는 피아노 연주곡 중에 '아드린느를 위한 발라드'를 빼놓을 수 없습니다. 며칠 전 고등학교 선배 한 분이 '아드린느를 위한 발라드'와 함께 그 곡에 담긴 슬픈 사랑의 사연을 카톡으로 보내왔습니다.

한 남자에게 너무나도 사랑했던 여인이 있었다. 어느 날 그 남자는 전쟁터에 가게 되었고 전쟁 중에 불행하게도 팔 하나와 다리 한쪽을 잃게 되었다. 그런 불구의 모습으로 사랑하는 그녀 곁에 머물 수 없다고 생각한 그 남자는 그녀를 떠난다. 그것이 그녀를 진정으로 사랑하는 길이라고 생각했기 때문이다. 시간이 흘러 그녀의 결혼 소식을 들은 그 남자는 축하를 해 주기 위해 그녀를 찾아간다. 하지만 먼발치에서 그녀를 바라보던 그 남자는 그만 주저앉고 만다. 그녀의 곁에는 두 팔과 두 다리가 없는 사람이 휠체어에 앉아 있었다. 그제야 그 남자는 자신이 얼마나 그녀를 아프게 했는지, 그리고 그녀가 자신을 얼마나 사랑했는지를 알게 된다. 그녀가 자신의 건강하고 온전한 몸만 사랑했던 게 아니라는 것을 깨달은 것이다. 그래서 그 남자는 그녀를 위해 눈물 속에서 작곡하게 되고 그렇게 해서 '아드린느를 위한 발라드'라는 명곡이 탄생했다.

그러나 이 이야기는 사실이 아니라 허구입니다. 원래 '아드린느를 위한 발라드'는 1976년 프랑스 작곡가 폴 드 센느빌(Paul de Senneville)이 갓 태어난 자신의 딸 아드린드를 위해 작곡한 곡이라고 합니다. 사실 '아드린느를 위한 발라드'는 대학 시절 제가 무척 즐겨들었던 곡입니다. 제가 이 곡을 좋아하게 된 데에는 사연이 있습니다. 그러니까 34년 전, 제가 갓 스무 살이었던 대학교 1학년 때 행당동의 산꼭대기에 있는 달동네에서 하숙했던 적이 있었습니다. 낡은 한옥이었는데 여름이면 대문 옆 재래식 화장실에서 풍기는 악취가 장난이 아니었습니다. 그때 전 그 집에서 지금은 마산에서 변호사를 하는 친구와 같이 하숙을 했습니다. 환경이 더 좋은 다른 하숙집들을 마다하고 저와 제 친구가 그 집을 떠나지 못했던 것은 주인아주머니의 딸 때문이었는지도 모릅니다. 서른이 다 된 그녀는 청순한 미모를 가졌지만, 불행히도 한쪽 다리를 저는 장애인이었습니다. 그런데도 절망하거나 슬퍼하지 않고 항상 밝은 미소를 잃지 않았던 그녀는 우리에게 연민과 흠모의 대상이었습니다.

피아노를 잘 쳤던 그녀는 초저녁이면 '아드린느를 위한 발라드'를 연주하곤 했는데 그녀의 연주를 처음 들었던 것은 달빛이 무척이나 고왔던 어느 여름날 밤이었습니다. 열어 놓은 방문 틈으로 비치는 달빛을 타고 시냇물이 속삭이듯 들려왔던 그 영롱한 피아노 선율을 지금도 잊을 수 없습니다. 그 후 저녁이면 그녀가 연주하는 '아드린느를 위한 발라드'를 듣는 것이 우리의 일과이자 기쁨이 되었습니다. 그러나 시간이 흐르면서 아름다운 피아노 선율과 밝은 미소 뒤에 그녀의 슬픔이 녹아 있다는 사실도 깨닫게 되었습니다. 저와 제 친구는 그녀의 연주를 들으면서 하느님은 한 사람에게 모든 것을 다 주시지 않는다는 사실에 가슴 아파했습니다.

그러다가 전 그 하숙집을 떠나 고시공부에 전념하기 위해 학교 기숙사로 거처를 옮기게 되었고, 얼마 후 그녀가 하숙생과 결혼했다는 소식을 들었습니다. 상대는 한양대 공대생으로 저와 같이 하숙했던 복학생 형이었습니다. 왠지 모를 아쉬움도 있었지만, 그보다는 그녀에게도 행복이 찾아왔다는 사실에 얼마나 기뻤는지 모릅니다. 그리고 마음속으로 그녀의 행복을 조용히 기도했습니다. 제가 인생을 살면서 저와 아무런 관계가 없는 타인의 행복을 진심으로 바랐던 적은 아마도 그때가 처음이 아닌가 합니다.

오늘 선배가 보내준 '아드린느를 위한 발라드'를 들으면서 모처럼 추억여행을 할 수 있어 행복했습니다. 이제는 그 옛날 행당동의 낡은 한옥도 사라지고 그녀도 그 집에 없겠지요. 지금 그녀는 어디에서 어떻게 살고 있을까요? 여느 부부처럼 아들딸 낳고 행복하게 잘살고 있겠지요. 피천득은 수필 『인연』에서 변해버린 아사코와의 재회를 후회했지만 전 후회할 땐 후회하더라도 '아드린느를 위한 발라드'를 연주하는 그녀의 모습을 다시 보고 싶습니다. 그날이 올 수 있을까요?

(2013. 6. 16)

밤에 흐르는 상념

오늘 샘터사에서 발행한 금아 피천득의 수필집 『인연』을 읽다 보니 1954년 크리스마스이브 때 미국 보스턴에서 로버트 프로스트(Robert Frost, 1874~1963)를 만났던 이야기가 나오더군요. 어느 분의 평(評)처럼 피천득의 수필은 간결하면서도 영롱한 문체가 특징인데 과작(寡作)이지만 그 어느 것 하나 가작(佳作) 아닌 것이 없습니다.

그의 수필은 순수 서정을 담고 있는 것이 많아 마치 한 편의 시를 읽는 듯한 느낌을 주기 때문에 저도 무척 좋아하는 수필가입니다. 그가 만났던 프로스트는 미국의 가장 위대한 자연 시인입니다. 옛날 중학교 국어 교과서에 실렸던 그의 시 '가지 않은 길'을 읽으면서 진한 감동을 받았던 기억이 납니다. 그 뒤 지금까지 인생을 살아오면서 중요한 선택의 순간마다 그의 시가 떠오르곤 했는데 평이하고 소박하지만 참으로 깊이가 있는 시입니다.

올해로 제 나이가 52세가 되었습니다. 1960년 12월에 태어났으니까 한국 나이로 54세이지만 나이가 들면서 서양식 나이 계산법을 선호하게 됩니다. 50대 남성이라면 누구나 하는 고민이 '제2의 인생'에 대한 고민이 아닐까 합니다. 옛날에는 60세 이후의 인생을 여생이라고 했지만 그러기에는 우리의 수명이 너무 길어졌습니다. 저 역시 50대 중반의 고개에 접어들면서 은퇴 이후의 삶에 대한 고민이 많아졌습니다. 그럴 때마다 떠오르는 시가 프로스트의 '가지 않은 길(The Road not Taken)', 그중에서도 마지막 연입니다.

> 오랜 세월이 흐른 뒤에 어디서엔가
> 나는 한숨을 지으며 이야기할 것입니다.
> 숲 속에 두 갈래 길이 있었다고
> 나는 사람이 적게 간 길을 택하였다고
> 그리고 그것 때문에 모든 것이 달라졌다고

은퇴가 몇 년 남지 않은 저에게도 중요한 선택의 순간이 점점 가까이 다가오고 있습니다. 어떤 길을 선택해야 할까요? 사람들이 많이 지나간 길을 선택해야 할까요? 아니면 사람들이 적게 다닌 길을 선택해야 할까요? 사람들이 많이 지나간 길은 안전한 길이겠지만 사람들이 적게 간 길은 위험이 도사리고 있는 험로일 것입니다. 안전하지만 여정이 무미건조한 길과 위험하지만 여정은 드라마틱한 길 중에서 하나를 선택하기는 참으로 어려운 일입니다. 어떤 길을 선택하든 가지 않은 길에 대한 미련과 아쉬움이 없을 순 없겠지만, 최소한 후회하는 인생을 살고 싶진 않습니다.

문득 김동인의 단편소설 『무지개』가 스치고 지나갑니다. 무지개에 매혹된 한 소년이 잡힐 듯 잡히지 않는 무지개를 좇다가 결국 꿈을 단념하게 되고 그 순간 백발노인이 되었다는 줄거리의 소설입니다. 그 소설을 떠올리면서 저 역시 잡을 수 없는 무지개를 잡으려고 하는 허황한 꿈을 꾸고 있는 것은 아닌지 스스로 반문하게 됩니다. 그러나 다른 한편으로 그 소년이 무지개를 잡으려는 꿈을 접는 순간 백발노인이 되어 버렸듯이 아무런 꿈도 이상도 없는 삶이 무슨 의미가 있을지 고민도 됩니다. 이런저런 생각에 잠을 못 이루고 전전반측하는 오늘 밤입니다.

(2013. 9. 24)

출근길 풍경

서울에 둥지를 틀고 사는 이들의 삶에서 빼놓을 수 없는 것 중의 하나는 지하철입니다. 저 역시 수많은 서울시민이 그러하듯 매일 아침 3호선을 이용해 출근합니다. 지하철이 서민의 발이라는 표현은 결코 과장이 아닙니다. 일본 동경의 지하철이 지옥철로 유명한데 서울의 지하철도 결코 뒤지지 않습니다. 다행히 3호선 중에 제가 이용하는 구간은 승객들이 그다지 많지 않은 편이어서 자리에 앉아 출·퇴근할 때가 많습니다.

아침에 흔히 목격하는 지하철 풍경 중의 하나는 적지 않은 사람들이 뛰는 모습입니다. 책가방을 멘 학생도 뛰고 양복을 입은 신사도 뛰며 심지어 하이힐을 신은 미니스커트의 아가씨도 뛰는 모습을 볼 수 있습니다. 지금 혹시 역으로 들어오고 있을지도 모를 열차를 놓치지 않기 위해 모두 다 그렇게 뛰는 것입니다. 출퇴근 시간대에는 2~3분 간격으로 지하철이 운행됩니다. 그럼에도 다음 열차가 올 때까지 그 2~3분을 기다릴 수 없을 만큼 아침에는 일분일초가 소중합니다. '시간은 금이다.'라는 격언이 생각나는 아침입니다.

오늘은 지하철을 타자마자 빈자리를 발견합니다. 보통은 두세 정거장 지나야 빈자리가 생기는데 오늘은 일진이 좋은 날입니다. 제 옆에는 코스모스처럼 가녀린 예쁜 아가씨가 앉아 있습니다. 눈을 감고 이 생각 저 생각 하고 있는데 갑자기 제 어깨 위로 묵직한 느낌이 전해져 옵니다. 눈을 떠 보니 옆자리의 아가씨가 졸음에 겨워 제 어깨에 머리를 기대고 있습니다. 그 모습에 저절로 미소가 떠오릅니다. 참으로 신통한 것은 내려야 할 역에 도착하자 언제 졸았느냐는 듯이 살포시 일어나 열차에서 내립니다. 창공으로 비상하는 한 마리의 새처럼 가벼운 몸짓과 발걸음으로….

양재역에서 지하철을 타고 몇 정거장을 지나면 열차가 지상 구간을 통과하게 됩니다. 한강이 흐르고 있는, 압구정역과 옥수

역 사이의 구간입니다. 답답한 지하에 있다가 열차가 지상으로 나오는 순간 시야가 밝아지고 가슴까지 탁 트입니다. 금빛 아침 햇살로 빛나는 한강의 아침은 늘 저를 갓 20살의 청춘으로 되돌려 놓습니다. 당시 재수생이었던 저는 중앙대 근처에 있는 흑석동에서 친구들과 하숙을 하고 있었지요. 어느 날 아침, 친구들과 버스를 타고 그 당시 제3한강교라고 불렸던 한남대교를 지나고 있었습니다. 그런데 그날따라 강물에 부딪혀 부서지는 황금빛 햇빛이 너무나 찬란했습니다. 그 아름다움에 감동한 나머지 친구들과 지었던 4행시를 지금도 기억합니다. '강변 일출/ 강수 번쩍/ 가림 빽빽/ 삼교 왱왱'이란 시입니다. 가림(家林)은 한강 주변의 아파트 숲을, 삼교(三橋)는 제3한강교를 뜻합니다. 치기가 다분하지만 그래도 나름대로 멋과 운치가 있는 시입니다.

양재역에서 지하철을 타고 30분을 달리면 경복궁역에 도착합니다. 제가 내려야 할 곳입니다. 경복궁역에서 제가 근무하는 서울종합청사까지는 걸어서 2~3분 거리입니다. 지하철 출구를 막 나서는데 40대 중반의 아주머니가 전단을 한 뭉치 들고 행인들에게 나눠주고 있습니다. 저보다 앞서가던 아가씨가 아주머니의 전단을 외면하고 가던 길을 총총히 갑니다. 그 아주머니는 좀 무안했는지, 제게 전단을 내밀까 말까 망설입니다. 제가 손을 내밀었더니 "선생님! 감사합니다."라고 인사를 합니다. 저를 쳐다보는 그 눈이 참으로 맑고 선합니다. 그런데 사실은 오히려 제가 고마워해야 할 일입니다. 그 아주머니 덕분에 힘들이지 않고 착한 일을 한 셈이니까요.

한 손엔 서류 가방을 들고, 다른 한 손엔 전단을 쥐고 몇 발자국 걷지 않자 제가 일하는 정부서울청사가 그 모습을 드러냅니다. 공무원 시험을 준비하던 시절, 청사 앞을 지날 때마다 그곳에서 일하는 저의 모습을 상상하면서 가슴이 뛰었던 적이 있었습니다. 그렇게도 근무하기를 갈망했던 청사로 매일 출근하고 있으니 꿈을 이룬 저는 정말 행복한 사람입니다. 오늘 아침도 대한민국의 심장부에서 일한다는 자부심으로 가슴을 활짝 펴고 청사를 향해 발걸음을 옮깁니다.

(2013. 9. 27)

선택의 기회비용

언젠가 아들로부터 생일선물로 책을 받은 적이 있습니다. 마크 맨슨(Mark Mason)이라는 미국의 유명한 파워 블로거가 쓴 『신경끄기의 기술(The Subtle Art of Not giving a F*ck』이라는 책입니다. 그 책의 프롤로그에 기회비용에 관한 이야기가 나옵니다.

무언가를 얻기 위해서는 무언가를 포기해야 하는 법이다… 빌 게이츠는 일주일에 5일을 사무실에서 자며 30대의 대부분을 보냈으며, 스티브 잡스는 큰딸을 제대로 돌보지 못했다… 요점은, 정말 대단한 일에는 겉으로 드러나든 아니든 희생이 따를 수밖에 없다는 것이다.

기회비용은 빌 게이츠나 스티브 잡스처럼 사회적으로 성공한 유명인들에게 국한된 이야기가 아닙니다. 평범한 일반인들도 어떤 일을 할 때, 그 일이 무엇이든 간에, 기회비용 또는 대가(代價)를 치르며 살아갑니다. 악기를 배우는 일에도 기회비용이 발생합니다. 요즘 들어 제가 색소폰을 분다는 것이 많이 알려지면서 색소폰을 잘 불려면 어떻게 하면 되는지 묻는 분들이 가끔 있습니다. 그런 분들에게 제가 꼭 해주는 이야기가 바로 '기회비용'에 관한 것입니다.

'기회비용'은 경제학적 용어로서 '여러 가능성 중 하나를 선택했을 때 그 선택 때문에 포기해야 하는 가치'를 뜻합니다. 예를 들어 1억 원을 가지고 은행에 예금했을 때의 수익률이 5%이고, 주식에 투자했을 때의 기대수익이 10%라면 예금의 기회비용은 주식투자의 기대수익률 10%입니다. 예금을 선택할 경우 안전하기는 하지만, 그 대가로 주식투자로 얻을지도 모를 10%의 수익을 포기해야 합니다.

우리는 인생을 살면서 수많은 선택을 하면서 살아갑니다. 그런데 우리가 어떤 선택을 결정했을 때 자세히 들여다보면 그 선택에 따른 기회비용을 치르고 있다는 것을 알 수 있습니다. 우리의 일상생활에서 얼마든지 그 예를 찾아볼 수 있습니다. 가령 점심 메뉴로 짜장면을 선택했다면 그 대가로 짬뽕의 얼큰한 맛을 즐길 기회를 놓치게 됩니다. 담배 피우는 즐거움을 위해 흡연을 한다면, 금연 시에 얻게 될 건강이란 가치를 포기하는 것과 같습니다. 이처럼 우리는 일상생활에서 어떤 선택을 할 때마다 수많은 기회비용을 치르며 살아가고 있습니다.

색소폰 연주도 마찬가지입니다. 돈을 내고 학원에 등록했다고 해서 저절로 색소폰을 불 수 있게 되는 것은 아닙니다. 오랜 기간에 걸쳐 꾸준한 시간 투자가 필요합니다. 저도 처음 1년 6개월 동안은 거의 매일 색소폰을 손에서 놓지 않았습니다. 주중에는 퇴근 후 바로 학원으로 가 매일 2~3시간 연습하는 것은 기본이고, 저녁에 공식행사가 있어 학원에 갈 시간이 없으면 일정이 끝난 후 노래방에 가서 연습을 했습니다. 학원이 문을 닫는 주말에는 공원에서, 비가 오거나 너무 추워 공원에서 연습이 어려울 때는 승용차 안에서 연습을 하곤 했습니다. 그러다 보니 즐기던 골프도 손을 놓았고, 가까운 친구들과 만남도 뜸해졌으며, 저녁에 직원들과 술잔을 기울이며 정을 나눌 기회도 줄어들었습니다. 색소폰을 얻기 위해 다른 귀중한 가치를 포기하는 희생을 감수할 수밖에 없었던 것입니다. 흔히 '이 세상에 공짜는 없다.'는 이야기를 자주 하는데, 평범한 그 말 속에 진리가 담겨있는 것입니다.

결국, 무얼 하나 얻는다는 것은 다른 무엇인가를 잃는다는 의미이며, 그것이 제가 색소폰을 배우면서 얻었던 소중한 깨달음입니다. 색소폰이 아닐지라도 무엇인가를 얻고자 하는 사람에게 제가 꼭 드리고 싶은 이야기이기도 합니다.

(2013. 11. 17)

독일의 아우토반 풍경

오늘 아침 느지막하게 식사를 한 후 집을 나서, 광주 광천터미널에서 오전 10시 35분에 출발하는 서울행 고속버스에 몸을 실었습니다. 시내를 빠져나와 광주 톨게이트를 지난 고속버스가 서서히 속도를 높이기 시작하자 가을걷이가 다 끝난 겨울 들녘이 차창을 스치고 지나갑니다. 차가운 바람만 휑하니 부는 텅 빈 들판은 을씨년스럽기 짝이 없습니다. 한때는 푸르름으로 빛났을 신록의 자태는 어디론가 사라지고 앙상한 가지만을 드러내고 있는 나무들이 그 쓸쓸함을 더합니다.

문득 지난 10월 초 독일을 여행할 때 깊은 인상을 받았던 아우토반 주변 풍경이 떠올랐습니다. 독일의 아우토반 주변 풍경은 참으로 매혹적입니다. 동화에서나 나올 법한 아름다운 마을들이 곳곳에 산재해 있고 푸른 숲들이 그 마을들을 포근히 감싸고 있습니다. 독일은 프랑스와 스위스 경계인 남서부 지방의 슈바르츠발트(Schwarzwald : 흑림)가 매우 유명합니다. 흑림은 안에 들어가면 햇빛을 볼 수 없을 정도로 숲이 우거졌다고 해서 또는 숲이 너무 울창해 푸르다 못해 검게 보인다고 해서 붙여진 이름입니다. 하지만 독일을 여행하다 보면 남서부 지방만이 아니라 독일 전역이 흑림지대라는 것을 깨닫게 됩니다.

 사실 알프스 산자락인 독일 남부만을 보면 아우토반 주변 풍경이 우리나라의 그것과 크게 다르지 않습니다. 고속도로 주변에 농경지가 있고 그 끝에 높고 낮은 산들이 자리 잡고 있습니다. 그런데 조금만 더 북으로 달리다 보면 어느 순간 산들이 사라지고 넓은 평야와 구릉지가 펼쳐집니다. 특이한 것은 평야 지대 곳곳에 전나무나 가문비나무 등이 울창하게 우거진 수림대가 존재한다는 사실입니다. 숲은 산속에 있는 것이라는 고정관념에 젖어있는 저의 눈에는 그 모습이 하나의 경이로움으로 다가왔습니다. 나무만 베어 팔아도 80년은 먹고살 수 있다는 독일인들의 자부심이 괜한 이야기는 아니라는 생각이 들었습니다.

고속도로 주변의 농촌 마을의 모습도 우리나라의 농촌 마을 모습과 사뭇 다릅니다. 단순히 건축양식의 차이 때문만은 아닙니다. 독일의 농촌 마을은 정제된 아름다움으로 가득합니다. 지붕의 기와 색깔 때문입니다. 한옥의 맞배지붕과 비슷하지만, 끝이 훨씬 뾰족하게 솟아있는 지붕의 색깔은 모두 붉은색입니다. 붉은 지붕과 마을을 둘러싼 푸른 숲이 강렬한 대비를 이루어 한 폭의 아름다운 수채화를 보는 듯한 느낌을 자아냅니다. 간혹 보이는 검은 지붕들은 교회나 학교, 관공서 건물입니다. 푸른 잎에 둘러싸인 붉은 석류 한 알이 더욱 아름답듯이, 붉은 물결 속에 간혹 보이는 검은 지붕은 마을의 아름다움을 더욱 빛나게 합니다.

독일뿐만 아니라 유럽을 여행할 때마다 느끼는 일이지만 우리나라도 도로변 경관에 좀 더 신경 쓸 필요가 있습니다. 장기적 안목에서 중요 지점에 대한 도로변 경관 계획을 세워 투자도 늘리고 필요하면 독일처럼 건축양식이나 건물의 색깔에 대한 규제도 강화해야 합니다. 높고 웅장한 거대 건축물이나 역사가 오래된 문화유적, 그리고 아름다운 자연경관만이 관광자원은 아닙니다. 우리가 살아가는, 있는 그대로의 모습도 잘만 가꾸면 매력적인 관광자원이 될 것입니다.

(2013. 12. 15)

퇴근길 풍경

서울로 직장을 옮긴 뒤 조석으로 지하철을 이용해 출퇴근하면서 느낀 사실이 하나 있습니다. 그것은 이른 아침의 지하철 풍경과 늦은 저녁의 지하철 풍경이 확연히 다르다는 것입니다.

이른 아침의 지하철은 마치 수도원처럼 고즈넉합니다. 눈을 감고 있으면 구르는 바퀴 소리와 정차 역을 알리는 안내방송만 들려 올 뿐 그 어떤 인기척도 느낄 수 없습니다. 모든 사람이 그리스 신화에 나오는 헤라의 저주 때문에 말하는 능력을 빼앗겨 버린 에코(Echo)가 되어버린 듯합니다. 간혹 책이나 신문을 보는 사람도 있지만, 대개는 스마트폰에 열중하고 있거나 아니면 조용히 눈을 감고 있습니다. 이런 아침의 지하철 풍경만을 놓고 보면 우리나라는 '다이내믹 코리아(Dynamic Korea)' 보다는 '고요한 아침의 나라(The Land of the Morning Calm)'임에 틀림없습니다.

그러나 늦은 저녁, 퇴근길의 지하철 풍경은 아침과는 180도 다른 모습입니다. 혼자가 아니라 친구나 직장동료 또는 연인과 함께 지하철을 타는 사람들이 더 많이 눈에 띕니다. 아침보다 훨씬 활기차고 따뜻한 정이 넘쳐흐릅니다. 친구들과 나란히 앉아 도란도란 이야기꽃을 피우는 여성들의 모습이 정겹습니다. 직장동료와 술 한잔 기울이고 퇴근하는 남성들이 수다쟁이로 변하는 모습도 밉지 않습니다.

늦은 저녁, 퇴근길 지하철에서는 요즘 젊은이들의 사랑 풍속도 엿볼 수 있습니다. 젊은 연인들이 나란히 앉아 이어폰을 하나씩 나눠 끼고 같이 음악을 듣는 모습은 귀엽기 짝이 없습니다. 남자친구의 손에 깍지를 낀 채 든든한 그 어깨에 살포시 머리를 기대고 잠든 모습을 보고 있노라면 입가에 저절로 미소가 떠오릅니다. 연인의 뺨에 가벼운 작별의 입맞춤을 남긴 채 손을 흔들며 지하철을 내리는 모습 또한 정말 사랑스럽습니다.

엄마가 아이에게, 남편이 아내에게 전화하는 모습도 심심치 않게 목격할 수 있습니다. "엄마 지금 들어가고 있어. 밥은 먹었니?"라는 전화에서는 자식을 걱정하는 모정이 묻어납니다. "여보! 한 10분 있으면 들어갈 거야."라는 남편의 목소리는 귀가의 기쁨으로 가득합니다. 연세 지긋한 어르신들이 술이라도 한잔 걸치고 타시는 날에는 지하철 안이 갑자기 저잣거리 시장통으로 변합니다. "왕년에 내가…"에서 시작된 이야기는 정치 이야기를 거쳐 요즘 젊은 사람들 버릇없다는 이야기에 이르기까지 끝이 없습니다.

집에서 하룻밤을 쉬고 출근하는 아침보다 일에 지쳐 퇴근하는 저녁의 지하철이 밝고 활기찬 것은 참으로 아이러니합니다. 일터나 학교로 가는 아침 풍경이 무겁게 가라앉아 있는 것은 어쩌면 한국 사람들의 고단한 삶을 반영하고 있는지 모릅니다. 출근하는 직장인들의 발걸음이 무겁고 등교하는 학생들의 표정이 어두운 나라는 경제적으로 아무리 풍요해도 국민의 행복지수는 낮은 나라입니다. 희망과 설렘으로 시작되어야 할 출근길이나 등굣길이 무겁게 가라앉아 있는 것은 참으로 안타까운 일입니다.

7080의 가수 이용복이 불렀던 '수줍은 시절'이라는 노래가 있습니다. 토요일도 싫고 일요일도 싫고 사랑하는 사람을 만나는 월요일이 좋다는 노래입니다. 아침의 등굣길이, 사무실 출근길이 이용복의 노래처럼 즐거움과 기쁨으로 가득한 그런 길이었으면 좋겠습니다.

(2014. 3. 16)

초가을의 어느 하루

오늘 아침도 어김없이 7시 10분, 출근길에 나섰습니다. 아파트를 나서니 서늘한 소슬바람이 양복의 소매 깃을 파고듭니다. 조금은 쌀쌀하지만 청량(淸凉)한 기운이 가득한 기분 좋은 바람입니다. 정류장에서 버스를 기다리다 불현듯 고개를 들어 하늘을 쳐다보았습니다. 구름 한 점 없는 코발트 빛 고운 하늘이 저 높이 펼쳐져 있습니다. 저도 모르는 사이에 "아, 가을이구나!" 하는 감탄사가 저절로 튀어나왔습니다. 서울의 하늘은 매연과 스모그로 뿌열 것이라는 선입관을 가지고 있었는데 저리도 맑고 푸를 줄은 미처 몰랐습니다. 아마도 가을이 주는 선물이 아닌가 합니다.

그러고 보니 올해는 가을이 예년보다 일찍 찾아왔습니다. 계절의 변화는 여성의 옷차림에서 제일 먼저 알 수 있다는데 그 말이 맞는 것 같습니다. 양재역에서 버스를 내려 지하철로 갈아타고 경복궁역까지 가는 길에 눈여겨본 승객들의 옷차림이 그렇습니다. 남성과 여성의 옷차림이 극명한 대조를 이룹니다. 얼마 전까지만 해도 반소매나 민소매였던 여성들의 옷차림은 대부분 긴소매 차림으로 바뀌었습니다. 가을의 정취가 물씬 풍깁니다. 반면에 남성들의 시간은 여전히 여름에 머물러 있습니다. 열에 여덟아홉이 아직도 반소매 차림입니다.

8시가 조금 지나 사무실에 도착했습니다. 국 주무계장이 들어와 하루 일정을 보고합니다. 9시 간부회의에 이어 10시에 을지연습 강평회가 있고, 오후에는 추석명절 사회복지시설 위문이 예정된 바쁜 하루입니다. 위문을 가야 할 사회복지시설은 청사 근처에 있는 '라파엘의 집'이란 곳입니다. 점심 후 밀린 일을 내충 처리하고 3시쯤 사무실을 나서 '라파엘의 집'으로 향했습니다. 가을바람에 은행잎이 한 잎 두 잎 떨어지는 가로수 길을 10여 분 걸어 '라파엘의 집'에 도착했습니다. 17명의 아이들이 머물고 있는 곳인데, 대부분이 걷지도 말하지도 못하는 장애아입니다. 그 아이들을 보면서 평범하다는 것만으로도 얼마나 큰 행복인지를 새삼 깨닫습니다.

저녁에는 강남에서 지인들과 모임이 있었습니다. 술을 즐기진 않지만 좋은 사람들과 함께하는 자리에서 마냥 사양만 하고 있을 수는 없는 노릇입니다. 대게 요리에 반주로 포도주를 마시며 즐거운 시간을 보내다가 밤 10시가 지나서야 집으로 돌아왔습니다. 아파트단지 입구에 들어서니 얼마 전까지만 해도 그렇게 시끄럽게 울던 매미 소리는 종적을 감추고 가을의 전령사인 귀뚜라미의 울음소리가 저를 반깁니다.

매미도 그렇지만 귀뚜라미도 수컷만이 운다고 합니다. 우리는 귀뚜라미의 울음소리를 가을을 맞이하는 영추송(迎秋頌)으로 생각하지만, 사실은 암컷을 유혹하는 구애의 노래입니다. 밤이 새도록 귀뚜라미가 우는 까닭은 아직 짝을 찾지 못했기 때문입니다. 귀뚜라미 수컷은 양 날개를 서로 마찰시켜 울음소리를 냅니다. 다른 수컷보다 더 큰 울음소리를 내야만 사랑을 쟁취할 수 있기에 날개가 부서지라 비벼대는 것입니다. 언젠가 생물학자인 이화여대 최재천 교수의 강의를 들을 기회가 있었습니다. 최 교수에 따르면 동물 수컷 중 짝짓기에 성공하는 비율은 5% 미만이라고 합니다. 힘센 수컷이 암컷을 독차지하기 때문입니다. 최 교수의 말이 사실이라면 귀뚜라미도 예외는 아닐 것입니다.

알퐁스 도데는 『별』이라는 단편소설에서 '낮은 생물의 세계이지만 밤은 무생물의 세계'라고 말했습니다. 살아 있는 모든 생명체가 잠이 든 한밤중에 나 홀로 깨어 사랑을 갈구하는 귀뚜라미의 간절함이 눈물겹습니다. 이 밤이 다 새도록 사랑의 세레나데를 불러야만 할지도 모를 그 몸부림이 가엾기만 합니다. 귀뚜라미에 비하면 우리 인간은 너무도 쉽게 사랑하고 너무 쉽게 헤어지는지도 모릅니다. 사랑한다는 말은 넘쳐흐르지만 참다운 사랑을 찾기 힘든 것이 우리의 현실입니다. 세상이 각박해진 탓인지 순수해야 할 사랑에도 이해타산을 따지고 조금도 손해 보지 않으려고 합니다.

　문득 이승철이 부른 '그런 사람 또 없습니다'가 듣고 싶어 유튜브에서 노래를 찾아 들어봅니다. '사랑은 주는 거니까/그저 주는 거니까'라는 노랫말이 제 가슴을 뭉클하게 합니다. 사랑한다는 말조차 못 하고 멀리서 바라만 볼 뿐이지만 모든 것을 줄 수 있어서 행복하다는, 그런 사랑은 어떤 사랑일까요? 어쩌면 그런 사랑을 해 본 사람만이 사랑을 말할 자격이 있는지도 모르겠습니다. 창밖에서는 귀뚜라미의 세레나데가 밤의 정적 속에 은은히 들려오고 방 안에서는 이승철의 노래가 잔잔히 흐르는 가운데 초가을의 밤은 그렇게 깊어만 갑니다.

(2014. 9. 5)

여승의 눈물

 요즘의 고시 풍속도는 어떤지 모르겠지만 제가 대학을 다니던 1980년대만 해도 고시 공부하면 산사에서 하는 것이 일반적이었습니다. 절에서 공부하는 것은 조선 시대까지 거슬러 올라가는 매우 오래된 풍습입니다. 조선 시대에는 유생들이 승려들의 시중을 받으며 과거 준비를 하는 것이 하나의 관례였다고 합니다. 조선 명종 때 불교 중흥에 앞장섰던 문정왕후가 유생들의 사찰 출입을 금지한 것도 바로 이러한 풍습과 관련이 있습니다.

 16세기 중반, 어린 명종을 대신해 수렴청정했던 문정왕후는 승려 보우를 발탁해 불교 중흥책을 펼칩니다. 그러한 조치 중의 하나가 유생들의 사찰 출입금지였습니다. 사찰 출입금지의 근거는 경국대전의 '금유생상사지법(禁儒生上寺之法 ; 유생이 절에 올라가는 것을 금하는 법)'이었습니다. 법의 원래 취지는 유생들의 불교 신봉을 막기 위한 것이었지만 과거 공부를 핑계로 유생들이 승려들을 종처럼 부리며 사찰에 폐를 끼치는 것을 막는데 이용했던 것입니다.

저 역시 대학 시절 행정고시를 준비하면서 옛 선비들이 그랬던 것처럼 방학 때면 친구들과 함께 조용한 산사를 찾아가 공부를 하곤 했습니다. 대학 1학년 때 시작된 고시 공부가 대학원 2년 차가 돼서야 막을 내렸으니 그 덕분에 전국 각지의 많은 사찰과 인연을 맺게 되었습니다. 그런 사찰 중에 지금도 잊을 수 없는 가슴 아픈 추억을 간직하고 있는 절이 있으니 운수암이란 사찰입니다.

남으로 달리던 백두대간이 경북 김천에 이르러 힘찬 용틀임과 함께 치솟아 오르는데 그것이 바로 해발 1,111m의 황악산입니다. 가을 단풍과 겨울 눈꽃이 아름다운 황악산의 기슭에는 천년고찰 직지사가 자리 잡고 있습니다. 직지사에서 등산로를 따라 정상을 향해 1시간 정도 올라가다 보면 조그마한 절이 나타납니다. 그 절이 바로 직지사의 말사인 운수암으로 저에게는

1981년의 겨울방학을 친구들과 함께 보낸 인연이 있는 절이기도 합니다.

운수암은 비구니 사찰로 그 당시 50대의 주지 스님과 20대의 젊은 여승이 수행 중이었습니다. 처음 젊은 여승과 마주쳤을 때 파르라니 깎은 머리에서 왠지 모를 처연한 아름다움을 느꼈습니다. 주말이면 수많은 등산객이 운수암에 들러 쉬어가곤 했는데, 그중에는 젊은 여성들도 꽤 많았습니다. 그때 저와 제 친구들은 산중생활로 사람이 그리운 터라 속세의 여성들을 만나 대화하는 것이 큰 즐거움이었습니다. 그런데 그때마다 젊은 여승이 나타나 공부하는 사람들 정신을 어지럽힌다면서 여성들을 내쫓곤 하였습니다. 우리로서는 그 방해꾼이 그렇게 얄미울 수가 없었습니다.

그렇게 아옹다옹하면서 2달 반을 지내다 개학을 맞아 서울로 올라가는 날이 되었습니다. 암자 입구에서 두 여승과 작별 인사를 나누는데 젊은 여승이 빨리 가라고 우리를 재촉했습니다. 마지막 헤어지는 순간까지도 얄밉게 군다고 생각했는데 그게 아니었습니다. 그 여승의 두 눈에 당장에라도 흘러내릴 것만 같은 이슬방울이 맺혀 있었던 것입니다. 조지훈이 '승무'에서 '복사꽃 고운 뺨에 아롱질 듯 두 방울이야'라고 노래한 그대로였습니

소소한 美學   55

다. 그 눈물을 보이기 싫어서 빨리 가라고 재촉했던 것입니다. 속세의 번뇌를 잊고자 출가했지만, 인간 세상의 정을 끊을 수는 없었나 봅니다.

그렇게 작별을 하고 세월이 몇 년 흘렀습니다. 그동안 저의 또 다른 동료와 후배들이 계속해서 방학 때면 운수암을 찾았습니다. 봄볕이 유난히 따스했던 어느 해 개학 날이었습니다. 그 해 겨울방학을 운수암에서 보냈던 한 친구로부터 그 여승이 죽었다는 소식을 듣게 되었습니다. 안타까운 소식에 가슴이 서늘해지면서 저도 모르게 '아!' 하는 탄식이 흘러나왔습니다. 그리고 그날은 온종일 그 여승의 파르라니 깎은 머리에서 느꼈던 처연한 아름다움을 생각하면서 미인박명이란 말을 가슴속으로 되뇌고 또 되뇌었습니다.

저는 불교 신지는 아니지만, 절에서 공부했던 인연 때문인지 산사의 고즈넉한 분위기를 무척 좋아합니다. 속계를 뒤로하고 일주문을 지나 진계로 들어서는 순간 맑고 청량한 기운이 온몸으로 스며드는 것을 느낍니다. 그러고 보니 내일은 부처님 오신 날, 석탄일입니다. 이번 석탄일에는 바쁜 틈을 쪼개 가까운 절이라도 다녀올까 합니다.

(2015. 5. 24)

인생에 정답은 없다

며칠 전 전남도청에서 같이 근무했던 옛 동료와 만나 밤이 깊도록 맥주잔을 기울인 적이 있습니다. 애초에는 저녁 식사를 같이 하기로 했으나 피치 못할 사정 때문에 저녁 식사가 끝날 무렵에야 합류했습니다. 저녁 식사를 같이하지 못한 아쉬움에 그냥 헤어질 수 없어 식당 근처의 호프집으로 자리를 옮겼습니다. 평소에는 술을 거의 마시지 않는 저였지만 옛 동료와의 만남이 너무 즐거워 생맥주를 꽤 많이 마셨습니다.

권커니 잣거니 하면서 자정 넘어서까지 술을 마셨고 많은 이야기가 오갔습니다. 제가 술안주가 되어 화제에 오르기도 했는데 그 자리에 있었던 사람들의 공통적인 의견은 제가 도에 근무하던 시절 너무 차갑고 냉정했다는 것이었습니다. 한마디로 '가까이 하기엔 너무 먼 당신'이었다고 표현을 했습니다. 저에 대한 그런 평판이 있다는 사실을 제가 모르고 있었던 것은 아닙니다. 가까운 지인 중에 직원들에게 칭찬을 많이 하고 좀 더 따뜻하게 대해주는 것이 좋겠다고 충고하는 사람들이 적지 않았습니다.

하지만 솔직히 말씀드려 차갑고 냉정하다는 저에 대한 세간의 평가에 대해 억울함을 많이 느낍니다. 내성적인 성격 탓에 표현이 부족할 따름이지 마음만은 누구 못지않게 따뜻한 사람이라고 저 스스로는 자부하고 있기 때문입니다. 문제는 말로 표현하지 않으면 그 누구도 내 마음을 알 수 없다는 데 있습니다. 표현하지 않는 마음은 없는 마음이나 다를 바 없다는 생각에 달라지려고 누력도 해봤지만 허사였습니다. 자년 12월 31일, 직원들과 가진 송년 다과회 자리에서 신년도에는 칭찬도 많이 하겠다고 공언했는데 결국 공염불한 꼴이 되고 말았습니다. 타고난 성격은 어쩔 수 없나 봅니다.

오래전 어느 지인의 카카오 스토리에서 읽었던 글이 생각납니다. 그 지인은 "산이 산이요. 물은 물이로다."라고 하신 성철

스님의 말씀을 인용하면서 서로가 그 자리에서 본분을 다하는 것이 중요하다고 주장했습니다. 산이 산다워야 하고 물은 물다워야지 산 같은 사람이 물처럼 행동하려고 하거나 물 같은 사람이 산처럼 살려고 해서는 안 된다는 것이었습니다. 저는 그 지인의 글에 삶에 대한 혜안이 녹아있다고 생각합니다. 산처럼 태어난 제가 물처럼 살려고 노력하는 것은 괜한 일이자 불필요하고 어리석은 일이기도 합니다.

다른 사람이 입고 있는 옷이 멋져 보인다고 해서 그 옷을 내가 입었을 때도 멋지게 보일 것이라는 보장은 없습니다. 나에게는 나에게 어울리는 옷이 따로 있는 법입니다. 그 누군가가 이야기했듯이 인생에 정답은 없습니다. 여러 가지 명답만이 있을 뿐입니다. 타고난 성격을 억지로 고치려고 하기보다는 자기만의 독특한 색깔과 향기를 간직하려고 노력하는 것이 현명한 길일 것입니다. 그렇게 묵묵히 인생길을 걷다 보면 한 사람 두 사람, 그리고 언젠가는 더욱더 많은 사람이 저의 진심을 알아주게 되겠지요.

(2016. 4. 17)

용안사의 추억

유난히 춥고 눈이 많이 내리던 1984년 12월의 겨울로 기억합니다. 당시 1년 차 대학원생이었던 저는 오랜 고시생 생활에 몸과 마음이 서서히 지쳐가고 있었습니다. 대학에 입학하자마자 재학 중 합격을 목표로 행정고시에 매달렸지만 몇 차례의 시험에서 고배를 마시고 보니 자신감은 눈 녹듯 사라져 갔습니다. 책상에 앉아 있어도 마치 끝이 보이지 않는 길고 긴 어둠의 터널을 걷고 있는 듯한 기분이었습니다.

그런 절박감이 저를 옥죄고 있었던 그해 겨울, 저는 방학이 되자마자 이불과 책 보따리를 짊어지고 친구들과 함께 충주에 있는 용안사로 내려갔습니다. 당시 용안사는 대웅전과 두 채의 요사채, 그리고 고시생 숙소가 있는 자그마한 절이었습니다. 그곳에서 이듬해 2월 중순까지 두 달 보름가량 머무르며 안광(眼光)이 지배(紙背)를 철(撤)하도록 오로지 책 속에 파묻혀 살았습니다. 그 덕분인지 그 이듬해 시험에서 저는 합격의 영광을 누릴 수 있었습니다.

그런 인연을 간직하고 있는 용안사를 최근 30여 년 만에 다시 찾을 기회가 있었습니다. 업무상 일로 충주에 내려갈 일이 있었는데 바쁜 틈을 쪼개 용안사를 찾았던 것입니다. 용안사는 길고 긴 고시 생활의 종지부를 찍게 해준 곳이었기에 살면서 가끔 추억을 되새김질하곤 했던 절입니다. 제 기억 속의 용안사는 어제 본 듯 생생한데 막상 찾아가려 하니 어디로 어떻게 가야 할지 막막했습니다. 내비게이션의 도움에도 절에 거의 다 가서는 길을 잘못 들어 몇 번을 헤맨 끝에 가까스로 도착할 수 있었습니다.

그렇게 30여 년 만에 다시 찾은 용안사는 제가 알고 있는 그 용안사가 아니었습니다. 모든 게 낯설고 생소해 처음에는 절을 잘못 찾은 것은 아닐까 하는 생각마저 들었습니다. 아쉽고 서운한 마음으로 주위를 둘러보고 있는데 인기척 소리에 비구니 스님 한 분이 요사채 방문을 열고 나오셨습니다. 스님께 합장 인사 후 용안사와 저의 인연을 말씀드리고 절 모습이 많이 변한 것 같다는 아쉬움을 토로했습니다. 그러자 스님께서는 가끔 저처럼 옛 인연을 찾아오는 분들이 있다면서 10여 년 전 절을 인수한 후 대웅전과 산신각을 새로 짓고 요사채도 증·개축을 했다고 합니다.

그때 스님과 이야기를 나누고 있는 제 눈에 요사채 모퉁이에 외로이 서 있는 불두화나무가 들어왔습니다. 기억을 더듬어 보니 옛날 요사채와 고시생 숙소 사이에 우물이 있었고, 그 우물가에 서 있던 바로 그 나무였습니다. 그 당시 난방은 연탄이었는데 고시생 각자가 자기 방 연탄불을 관리했습니다. 공부에 열중하다 보면 연탄불이 꺼져 있는 경우가 많았고 그럴 때면 서로 옆 방 친구의 연탄불을 빌려다가 불을 살리곤 했습니다. 잠자리에 들기 전에는 연탄불 위에 물을 가득 담은 양동이를 올려놓습니다. 그리고 그다음 날 아침 양동이를 들고 우물가로 나와 불두화나무 아래에서 뜨겁게 데워진 물로 세수하고 머리도 감고 했었지요.

그런데 우물과 고시생 숙소는 사라지고 그 자리는 흉물스러운 시멘트 주차장으로 변해 버렸습니다. 오직 그 옛날 그 불두화나무만이 남아 30여 년 만에 다시 용안사를 찾은 저를 반겨

주고 있었습니다. 그러고 보니 불두화의 꽃말이 제행무상(諸行無常)입니다. 제행무상은 '이 세상에 변하지 않고 고정불변인 것은 없다.'는 뜻이니 용안사의 지금 모습에 딱 맞는 말이 아닐 수 없습니다. 그런데 자세히 살펴보니 그 오랜 세월 용안사의 흥망성쇠를 지켜보아 왔던 불두화나무마저 죽어가고 있었습니다. 스님께서는 작년까지는 꽃을 피웠는데 올해 들어 시들시들 하더니 저렇게 됐다는 말씀을 하셨습니다.

 스님께 합장으로 작별 인사를 드리고 허전한 마음을 안고 절을 나섰습니다. 젊은 날의 흔적과 자취를 찾아간 용안사에서 세월의 흐름만을 실감하고 돌아왔습니다. 10년이면 강산도 변한다고 했는데 그 강산이 세 번이나 변할 시간이 흘렀습니다. 옛 모습을 볼 수 있으리라는 헛된 꿈을 안고 찾아간 제가 어리석은 사람인지도 모르겠습니다. 그럼에도, 새하얀 눈에 덮여 고즈넉이 서 있던 용안사는 제 기억 속에 영원히 살아있을 것입니다. 새벽이면 꿈결 속에서 아련히 들려오던 노스님의 독경 소리가 지금도 제 귓가를 맴돕니다.

(2016. 4. 30)

건강

오늘 아침 한바탕 소동이 있었습니다. 한 6개월 전부터 대변에 가끔 피가 묻어 나오더니 오늘은 심한 하혈을 했습니다. 인터넷을 찾아보니 정확히 대장암 증상이더군요. 부랴부랴 동생과 함께 대장암 전문병원인 송도병원으로 갔습니다. 병원으로 가는 길에 별별 생각이 다 들었습니다. 솔직히 죽는 것은 그다지 두렵지 않았습니다. 어차피 누구나 다 한 번은 가야 할 인생길이니까요.

그런데 내가 죽고 나면 날 위해 눈물을 흘려 줄 사람이 몇이나 있을까 생각해 보았더니 자신이 없습니다. 인생을 잘못 살았다는 생각이 들었습니다. 죽는 건 두렵지 않았지만 죽을 수도 있다고 생각하니 연로하신 어머니가 마음에 걸렸습니다. 무엇보다 온전치 못한 딸아이를 두고 먼저 가야 한다는 것이 슬펐습니다. 시인 한하운의 어머니가 돌아가실 때 느꼈던 마음이 저의 마음과 같았겠지요.

    어머니

어머니
나를 낳으실 때
배가 아파서 우셨다

어머니
나를 낳으신 뒤
아들 됐다고 기뻐하셨다

어머니
병들어 돌아가실 때
날 두고 가신 길을 슬퍼하셨다

어머니
흙으로 돌아가신
말이 없는 어머니

복잡한 심사를 안고 진료를 받았는데 의사가 내치질이라고 했습니다. 제 항문이 겉으로는 아무 이상이 없어 몰랐는데 안에서 문제가 있었던 것입니다. 의사의 말에 안도의 한숨이 절로 나왔습니다. 제가 아침에 화장실에 갈 때마다 책을 들고 가 읽는 습관이 있는데 그렇게 하다 보니 배변 시간이 길어져 치질로 발전했다고 하더군요.

한바탕 소동을 겪고 나니 건강보다 더 중요한 것은 없다는 말이 진리임을 절감했습니다. 내 몸은 내 것이되 나 혼자만의 것이 아니라는 생각도 들었습니다. 연로하신 어머니를 두고 앞서가는 것은 불효 중의 불효입니다. 나 없이 홀로 딸아이를 돌보아야 할 아내가 짊어질 무거운 짐을 생각하면 그리 쉽게 갈 수 없습니다. 아들로서, 남편으로서, 아버지로서 의무와 책임을 다하기 위해서라도 건강관리는 정말 중요한 일입니다. 저뿐만이 아니라 이 세상 모든 아버지들이 같은 마음일 것입니다.

"재물을 잃는 것은 조금 잃는 것이요, 명예를 잃는 것은 많이 잃는 것이며, 건강을 잃는 것은 전부를 잃는 것이다."

(2016. 4. 30)

해우소

일요일인 오늘도 어김없이 출근했습니다. 제가 근무하는 국민안전처에서는 매일 아침 일일상황회의를 갖고 전국의 재난상황을 점검하는데 토·일요일도 예외는 아닙니다. 상황회의를 마치고 몇 가지 밀린 잔무를 처리하고 나니 모처럼 시간적 여유가 생겨 청사 근처의 음악동호회 사무실을 찾았습니다.

제가 가진 취미 중의 하나는 색소폰 연주입니다. 하지만 때와 장소를 가리지 않고 수시로 발생하는 재난사고 때문에 항상 긴장된 상태에서 일을 하다 보니 마음의 여유가 없어, 거의 1년 반 동안 색소폰을 손에서 놓았습니다. 그렇게 일에만 파묻혀 살다가 최근 제가 정말 믿었던 사람으로부터 받은 실망감을 달래고자 얼마 전부터 색소폰 연주를 다시 시작했습니다. 색소폰 연주에 몰입하다 보면 모든 근심 걱정이 사라지고 마음이 평화로워지는 것을 느낍니다.

두 시간 가량을 음악 속에서 노닐다가 청사로 돌아와 헬스장에서 한 시간 정도 운동을 한 후 조계사로 발걸음을 옮겼습니다. 청사 앞 세종대로 건너편에 대한민국 역사박물관이 자리 잡고 있는데 박물관 옆길을 따라 계속 가면 서울지방국세청이 있습니다. 국세청 건물을 끼고 오른편으로 돌면 도심에서는 좀처럼 보기 어려운 숲 속 오솔길이 나옵니다. 새들이 지저귀는 소리를 들으며 오솔길을 따라 100여 미터 걷다 보면 절이 하나 보이는데 조계종 총본산인 조계사입니다.

불교 신자도 아닌 제가 조계사를 찾아간 이유는 불두화를 보고 싶었기 때문입니다. 어느 신문에서인가 석탄일 무렵엔 조계사 곳곳에 불두화가 만발한다는 수필을 읽은 적이 있습니다. 조계사의 불두화를 보며 제행무상(諸行無常)이란 꽃말의 의미를 반추하다 보면 믿었던 사람에 대한 회의로 인해 어지러워진 제 마음도 차분히 가라앉을 것 같았습니다. 그런데 시기가 너무 일렀는지 아니면 절정기가 지났는지 일주문 옆의 나무에 매달려

있는 몇 송이만을 보았을 뿐입니다.

 아쉬운 마음을 안고 가랑비 내리는 경내를 잠시 홀로 거닐었습니다. 스님의 독경 소리가 우산을 두드리는 빗소리와 어우러져 아름다운 화음으로 다가와 제 마음을 어루만져 줍니다. 집으로 가는 지하철을 타기 위해 안국역으로 가기 전에 화장실에 들렀습니다. 한옥형 건물의 깨끗한 화장실입니다.

 사찰의 화장실을 흔히 해우소(解憂所)라고 합니다. 근심을 없애는 곳이라는 뜻으로 참으로 멋들어진 표현이 아닐 수 없습니다. 문득 정호승 시인의 '선암사'란 시가 제 머리를 스치고 지나갑니다.

　　　　선암사

　　눈물이 나면 기차를 타고 선암사로 가라.
　　선암사 해우소로 가서 실컷 울어라.
　　해우소에 쭈그리고 앉아 울고 있으면
　　죽은 소나무 뿌리가 기어 다니고
　　목어가 푸른 하늘을 날아다닌다.
　　풀잎들이 손수건을 꺼내 눈물을 닦아주고
　　새들이 가슴 속으로 날아와 종소리를 울린다.
　　눈물이 나면 걸어서라도 선암사로 가라.

선암사 해우소 앞
등 굽은 소나무에 기대어 통곡하라.

아! 그러고 보니 오늘처럼 마음이 쓸쓸한 날은 기차를 타고, 아니 걸어서라도 선암사 해우소를 찾아갔어야 할 일입니다. 그곳에서 마음을 깨끗이 비우고 나면 모든 망상과 번뇌가 사라지고, 제 마음을 얽어매고 있는 미련과 집착도 사라질 듯합니다. 아니, 꼭 선암사 해우소여야 할 필요는 없습니다. 제 마음의 해우소에서 한바탕 울고 나면 영화 '바람과 함께 사라지다'의 여주인공 스칼렛 오하라의 마지막 대사처럼 내일은 내일의 태양이 떠오르겠지요.

(2016. 5. 15)

삼국지 서시序詩와
사무엘 울만의 청춘Youth

현대인의 필독서 중에 삼국지를 빼놓을 수는 없을 것입니다. 삼국지는 어린 시절, 제가 무척이나 탐독했던 책입니다. 초등학교 4학년의 어느 날 저녁, 아버지께서 퇴근길에 전집 5권의 월탄 박종화 삼국지를 사 들고 오셨습니다. 그때 처음 접한 삼국지를 지금도 이따금 읽고 있으니 사람으로 치면 죽마고우 같은 책입니다.

월탄 박종화의 삼국지는 장정이 양장 제본으로 책표지를 넘기면 서사(序詞)란 제목의 시가 진홍빛 바탕의 종이에 하얀 흘림체 붓글씨로 쓰여 있습니다. 원래는 명나라 양신(楊愼)의 '임강선(臨江仙)'이라는 시를 청나라 때 모륜, 모종강 부자가 나관중의 삼국지연의를 개작하면서 서시로 편입했다고 합니다. 사(詞)는 악곡의 가사로서 송나라 때 가장 발달한 한시의 한 장르인데 임강선(臨江仙)[1]은 '강에 이르니 신선이 된 듯하다.'는 뜻입니다.

임강선

굼실굼실 흘러서 동으로 가는 긴 강물,
낭화 물거품이 영웅들의 시비 성패 다 씻어 가 버렸네
머리를 들어 돌이켜보니 어허 모두 다 공(空)이로다
푸른 산은 예와 같이 의연히 있네
몇 번이나 석양볕이 붉었다가 꺼졌더냐
백발이 성성한 어부와 초부한이
가을 달 봄바람을 언제나 바라보며
 한 잔 탁주 술로 기쁠사 서로 만나
 고금의 허다한 일 소담 속에 부쳐 보네

세월의 흐름 속에 스러져간 영웅들의 시비 성패를, 긴 세월 변함없이 흐르는 장강과 끊임없이 순환하는 태양에 견주어 인간사 덧없음을 읊고 있는 호방하고 유장(悠長)한 시입니다. 시를

---

1) 滾滾長江東逝水(곤곤장강동서수) 浪花淘盡英雄(낭화도진영웅) 是非成敗轉頭空(시비성패전두공) 靑山依舊在(청산의구재) 幾度夕陽紅(기도석양홍) 白髮漁樵江渚上(백발어초강저상) 慣看秋月春風(관간추월춘풍) 一壺濁酒喜相逢(일호탁주희상봉) 古今多少事(고금다소사) 都付笑談中(도부소담중)

읽다 보면 부귀나 공명이란 뜬구름 같은 것이며, 한바탕 봄꿈처럼 부질없는 것이라는 생각을 지울 수 없습니다. 어렸을 때 접한 삼국지 서시는 그 후 저의 인생관이나 삶의 태도에 많은 영향을 끼쳤습니다. 저는 인생을 살면서 단표누항(簞瓢陋巷)[2]의 삶을 마다치 않은 상춘곡의 정극인을 본받고, 오두미(五斗米)에 저두평신(低頭平身)[3]할 수 없어 귀거래사를 읊으며 고향으로 돌아간 도연명을 배우고자 했습니다. 타고난 저의 성격 탓도 있겠지만, 삼국지 서시의 영향도 적지 않을 것입니다.

　요즘 들어 저의 눈길을 끄는 시가 또 하나 있습니다. 미국의 시인 사무엘 울만(Samuel Ullman)이 쓴 '청춘(Youth)'이란 시입니다. 울만의 시는 삶에 대한 달관과 관조의 분위기가 물씬 풍기는 삼국지 서시와는 대조적으로 진취적이며 생동감으로 가득 차 있습니다. 울만은 이 시에서 청춘은 인생의 어떤 한 시기가 아니라 어떤 마음가짐을 뜻한다고 이야기합니다. 청춘이란 두려움을 이겨내는 용기와 안락함의 유혹을 뿌리치는 모험심으로 때로는 스무 살 청년보다 예순 살 노인이 더 청춘일 수 있다고 노래합니다. 나이를 먹는다고 누구나 늙는 것이 아니라 이상을 잃어버릴 때

---

2) 도시락 단(簞), 표주박 표(瓢), 누추할 (陋), 거리 항(巷). '누추한 길거리에서 먹는 대나무 도시락의 밥과 표주박의 물'로 소박한 시골 살림을 비유하여 이르는 말

3) 귀거래사로 유명한 동진의 도연명이 어떤 고을의 현령으로 있을 때 주지사가 보낸 순찰관을 예복을 갖춰 입고 맞이해야 한다는 아전의 말에 "내 어찌 다섯 말의 쌀 때문에 머리를 숙이고 허리를 꺾어 시골 어린아이를 대할 수 있겠는가?"하고 그날로 직인을 꺼내 놓고 고향으로 돌아갔다는 고사에서 유래. 오두미는 다섯 말의 쌀로 관리의 한달 녹봉.

비로소 늙는 것이며, 세월은 피부를 주름지게 하지만 열정을 상실하면 영혼이 주름진다고 읊고 있습니다. 은퇴를 앞둔 모든 사람에게 큰 희망과 용기를 주는 시가 아닐 수 없습니다.

옛날과 달리 지금은 100세 인생의 시대입니다. 정극인이나 도연명의 삶도 나름의 의미가 있겠지만 그렇게 자연을 벗 삼아 유유자적하면서 은퇴 후 40년을 살 수는 없는 일입니다. 80세의 나이에 오페라 팔스타프(Falstaff)를 작곡한 베르디는 이런 말을 남겼습니다.

"음악가로서 평생 살아오면서 나는 항상 완벽을 추구해왔다. 그 목표는 항상 나를 매료시켰고 나는 살아있는 동안 한 번 더 도전할 의무가 있다고 생각한다."

위수에서 미끼도 없는 곧은 낚싯바늘을 물에 드리우고 세월을 낚던 태공망 여상은 후일 주무왕을 도와 주나라를 건국함으로써 천하를 낚은 인물로 잘 알려져 있습니다. 그가 주무왕의 아버지 주문왕의 부름을 받아 출사(出仕)했을 때의 나이도 80세였습니다.

60세에 은퇴한다고 하더라도 강태공이나 베르디에게 비하면 20세나 어린 나이입니다. 도연명이나 정극인의 삶을 꿈꾸기에는 아직 너무나 젊은 나이입니다. 지칠 줄 모르는 베르디의 도전 정신으로 강태공의 원대한 이상을 가슴에 품고 있다 해도 하등 이상할 것 없는 나이입니다. 혈기 왕성한 젊은 시절엔 삼국지 서시를 읽으면서 마음을 다스릴 필요가 있다면 나이 들면서 의욕과 용기가 사라져 갈 때는 울만의 '청춘(Youth)'이란 시를 읽을 일입니다.

(2016. 7. 8)

행복

'탐춘'(探春 : 봄을 찾아 나서다)이란 한시가 있습니다. 송나라 때 어떤 무명 스님의 오도송(悟道頌)이라고도 하고 대익(戴翼)이라는 시인의 작품이라고도 하는데 어느 설이 맞는지 확실치는 않습니다. 봄을 찾아 집을 나서 이곳저곳을 헤메고 다녔으나 찾지 못하고, 지친 몸을 이끌고 집으로 돌아왔더니 뜰 안 매화나무 가지에 봄이 이미 와 있었다고 하는 내용의 시입니다. 행복이 멀리 있는 것이 아니라 우리 가까이에 있다고 이야기를 할 때 흔히 인용되는 시이기도 합니다.

봄을 찾아 나서다

종일토록 봄을 찾아 헤맸건만 봄은 보지 못하고
짚신이 닳도록 언덕 위 구름 속에서 헤매고 다녔네
지쳐 돌아와 뜰 안 매화향기에 미소가 가득
봄은 이미 매화 가지 위에 무르익어 있었네[4]

제가 탐춘이란 시를 떠올린 것은 큰누나 때문입니다.
"행복이 행복인 줄 모르고 살았다."
아직 취학 전인 외손자 셋을 돌보느라 심신이 지칠 대로 지친 큰누나가 어느 날 한숨과 함께 내뱉은 독백입니다. 직장생활을 하는 외동딸을 위해 작년부터 외손자들의 양육 책임을 떠맡으면서, 평화롭고 안온(安穩)했던 큰누나의 일상생활은 산산조각이 났습니다. 세 아이를 돌보는 즐거움이 말로 형용할 수 없을 정도로 크지만, 그때문에 잃은 것도 적지 않았던 것입니다. 책을 읽고, 친구를 만나고, 한가로이 산책하며, 여유롭게 낮잠 자는 것과 같은 평범한 일들이 이제는 간절한 소망이 되어 버렸습니다. 그동안 별다른 느낌 없이 영위해왔던 일상생활의 소소한 일들이 사실은 큰 행복이었음을 큰누나는 뒤늦게 깨달았던 것입니다.

---

4) 盡日尋春不見春(진일심춘불견춘)
　　芒鞋遍踏壟頭雲(망혜편답농두운)
　　歸來笑然梅花臭(귀래소연매화취)
　　春在枝頭已十分(춘재지두이십분)

우리는 늘 행복을 찾아 헤매며 살고 있습니다. 그런데 적지 않은 사람들이 행복이란 많은 시간을 투자하고 엄청난 노력을 해야 얻을 수 있는 것으로 생각하기도 합니다. 돈을 많이 벌고 권력을 얻고 지위가 높아지는 것을 행복으로 생각하기도 합니다. 그러나 행복은 그렇게 거창하거나 특별한 것이 아닐지도 모릅니다. 성경은 우리에게 '범사에 감사하라.'고 가르칩니다. 성경 말씀은 진리로 다가옵니다. 제 큰누나가 고백했듯이 우리의 평범한 일상생활 자체가 이미 행복입니다. 헬렌 켈러의 수필 '사흘만 볼 수 있다면(Three days to see)'을 읽은 사람이라면 평범함이 행복이라는 명제에 동의하지 않을 수 없을 것입니다. 저처럼 장애아를 가진 부모들은 평범하다는 것이 얼마나 큰 행복인지 뼈저리게 느낍니다.

누군가 이야기했듯이 '행복은 조건이 아니라 선택이며, 추구의 대상이 아니라 발견의 대상'입니다. 똑같은 것을 보고도 아무런 느낌이 없는 사람이 있는가 하면 큰 기쁨을 느끼는 사람도 있습니다. 같은 음식을 먹어도 행복한 사람이 있고 불평하는 사람이 있습니다. 바람에 나풀거리는 아름다운 나뭇잎, 석양에 빛나는 노을, 보석 같은 밤하늘의 별들! 헬렌 켈러가 그토록 보고자 소망했던 것들을 우리는 날마다 일상 속에서 보고 경험하지만, 그것이 얼마나 놀라운 기적이고 얼마나 큰 행복인지 모르고 살아갑니다. 송나라 무명 스님의 깨달음처럼 행복은 이미 우리 곁에 와 있습니다. 단지 우리가 그것을 보지 못하고 느끼지 못하고 있을 뿐입니다.

(2016. 8.12)

낙엽 단상

정부세종청사에서 근무하는 중앙부처 국과장들은 자신을 길 국장, 길 과장이라고 부릅니다. 업무상 국회가 있는 서울로 출장 갈 일이 많다 보니 길에서 많은 시간을 허비하는 자신들의 처지에 대한 자조적인 표현입니다. 세종청사에서 일하는 공무원들 사이에서 한때 유행했던 우스갯소리가 있습니다. 직급별로 세종에서 일하는 날이 일주일에 1급은 하루, 2급은 이틀, 3급은 사흘, 4급은 나흘, 5급은 닷새라고 하는 이야기입니다. 직급이 높은 간부일수록 자리를 자주 비우다 보니 하위직 직원에게는 1년 365일이 어린이날입니다. 부모님이 안 계시는 집에서 아무런 간섭이나 통제 없이 자유를 만끽하는 어린이가 된 기분을 느낀다는 것입니다.

저 역시 상황이 다르지 않습니다. 특히 제가 맡은 기획조정실의 주요 업무가 대(對)국회업무이다 보니 정기국회가 개원된 9월 이후에는 서울에서 머무르는 날이 훨씬 많아졌습니다. 오늘도 국회에 출장 갈 일이 있어 아침 일찍 오송역에서 KTX를 타고 서울로 올라갔습니다. 서울역에서 내려 국회로 이동하는데 노란 은행잎들이 바람에 휘날려 마치 비가 내리듯 우수수 쏟아져 내립니다. 시성(詩聖) 두보는 '곡강(曲江)'이란 시에서 "일편화비감각춘 풍표만점정수인(一片花飛減却春 風飄萬點正愁人)"이라고 노래했습니다. '꽃 한 조각 떨어져도 봄빛이 줄거늘, 수만 꽃잎 흩날리니 이 슬픔 어이 견디리'라는 뜻으로 정작 인간의 솜씨라고는 생각할 수 없는 신묘한 표현이 아닐 수 없습니다.

두보는 스러져 가는 봄꽃을 보고 탄식했지만, 가을바람에 떨어지는 낙엽은 우리의 마음을 더욱 아프게 합니다. 꽃은 눈으로 지지만 낙엽은 가슴으로 진다는 말이 있습니다. 꽃잎은 떨어져도 푸른 신록이 있어 우리에게 꿈과 희망을 주지만 낙엽이 져버린 앙상한 나뭇가지는 정녕 우리 마음을 슬픔에 젖어 들게 합니다.

그래도 계절은 돌고 돌아 가을이 가면 겨울이 오고 머지않아

꽃피는 봄이 또다시 돌아오기 마련입니다. 하지만 우리네 인생은 한번 가면 그뿐 다시는 돌아오지 않습니다. 인간의 삶이란 태어나자마자 죽음을 향해 걸어가는 길지 않은 여정(旅程)입니다. 무한히 반복되는 자연에 비하면 우리 인간은 찰나에 불과한 짧은 시간을 살다가 죽는 가엾은 존재입니다. 그토록 짧은 인생에서 누군가를 미워하고 증오하면서 살게 된다면 정말 슬픈 일입니다. 사랑만 하고 살기에도 너무나 짧은 인생이기 때문입니다.

(2016.11.15)

화장실의 추억

오늘은 유엔이 정한 '세계 화장실의 날(World Toilet Day)'입니다. 유엔은 화장실 위생에 대한 국제사회의 관심을 촉구하고자 지난 2013년부터 매년 11월 19일을 '세계 화장실의 날'로 지정하여 기념하고 있습니다. 흔히 화장실은 한 나라의 발전 수준을 가늠할 수 있는 척도라고 합니다. 우리나라 화장실 수준은 88올림픽과 2002년 한일 월드컵을 거치면서 비약적인 발전을 거듭해 지금은 세계 일류로서 손색이 없습니다. 하지만 1990년대까지만 하더라도 많은 한국인에게 화장실은 냄새나고 불결한 곳이었습니다. '처가와 화장실은 멀수록 좋다.'는 속담은 화장실에 대해 한국인들이 가진 부정적 이미지가 그대로 투영되어 있습니다.

시골에서 어린 시절을 보낸 저에게 화장실은 냄새나고 더럽고 불결한 곳이자 두렵고 무서운 곳이기도 했습니다. 달빛도 없는 한밤중, 마당을 가로질러 저 끝에 외로이 서 있는 화장실에 가는 것은 정말 내키지 않는 일이었습니다. 전등불도 없는 재래식 화장실에 쭈그리고 앉아 있으면 아래에서 귀신의 손이 불쑥 뛰어나올 것 같은 두려움에 볼 일도 제대로 못 보고 뛰쳐나오곤 했습니다. 때로는 할머니나 누이더러 같이 가자고 말하고 싶었지만, 나이는 어려도 사내라는 자존심 때문에 목구멍까지 올라온 말을 다시 삼키곤 했습니다.

옛날 재래식 화장실에 대한 저의 기억이 모두 다 어둡고 부정적이기만 한 것은 아닙니다. 1980년대 초반, 대학 다닐 때의 일입니다. 너무 오래전 일이라 절 이름은 가물가물한데 나름대로 운치 있는 화장실을 가진 절에서 겨울방학을 보낸 적이 있습니다. 산기슭 비탈길에 나무 기둥을 박아 화장실을 세웠는데 벽은 거적으로 어떻게 둘렀지만, 아랫부분은 아무런 가림막이 없어 밑에서 쳐다보면 사람의 엉덩이가 다 보일 정도로 엉성했습니다. 산중에서 배설물의 수거 처리가 어려워서 비바람의 풍화작용으로 오물들이 흙으로 돌아가도록 설계한 듯했습니다. 여름

철 냉방용 화장실로는 제격이었겠지만 추운 겨울날 볼일을 보고 있노라면 칼날같이 매서운 삭풍이 엉덩이를 할퀴고 지나가던 추억이 지금도 생생합니다.

산중의 겨울은 영하의 기온일 때가 많아 배설물은 땅에 떨어지기가 무섭게 얼어붙었습니다. 그렇게 얼어붙은 배설물은 시간이 흐르면서 차곡차곡 쌓여 마치 탑처럼 솟아올랐습니다. 솟아오른 탑이 엉덩이를 위협할 때쯤이면 화장실 한편에 세워져 있는 긴 막대기로 탑을 무너뜨렸습니다.

산중 화장실이 구색을 제대로 갖추었을 리 없어 화장실의 칸과 칸 사이에 벽은 있지만, 출입문은 없는 개방된 공간이었습니다. 가끔 친구와 함께 나란히 앉아 일을 볼 때면, 하버드 대학생들이 그랬듯이 열띤 학문적 토론의 장이 펼쳐졌습니다. 하버드 대학에도 칸막이가 없는 화장실이 있는데 볼일을 보면서도 학문적 토론을 멈추지 말라는 의미를 담고 있다고 합니다. 묘하게도 친구들과 그렇게 화장실 토론을 통해 습득한 지식은 쉽게 잊히지 않고 오랫동안 기억에 남았습니다.

50대 이상의 기성세대라면 누구나 저처럼 옛날 재래식 화장실에 얽힌 추억이 한두 개쯤은 있을 것입니다. 어떤 이는 칠흑처럼 캄캄한 한밤중에 화장실 밖에서 노래를 불러주던 누이가 생각날지도 모릅니다. "빨간 종이 줄까~ 파란 종이 줄까~"하는 귀신 이야기를 들려주시던, 지금은 돌아가신 할머니를 그리워하는 이도 있을 것입니다. 화장실에 쭈그리고 앉아 일을 보다가 무심히 고개를 든 순간 환기 구멍을 통해 쏟아져 들어오는 무수한 별빛에 감동했던 기억을 간직한 사람도 있을 것입니다. 현대식 화장실 보급으로 우리의 삶은 편리해졌지만 이제 더는 그런 추억을 꿈꿀 수 없는 시대가 되어 버린 것이 아쉽기만 합니다.

(2016.11.19)

송백 松柏

창밖에 하얀 눈이 내리고 있습니다. 세종 지역에 올겨울 들어 처음 내리는 서설(瑞雪)입니다. 망연히 창밖의 눈 내리는 풍경을 바라보다 문득 제 사무실에서 금강이 보인다는 사실을 깨달았습니다. 국민안전처가 세종으로 이전한 것이 9월 초였으니 벌써 4개월이 다 돼갑니다. 그런데도 이제야 그 사실을 깨달은 것입니다. 눈발은 점점 굵어지는데 점점이 흩날리는 하얀 눈 사이로 강변의 푸른 소나무 숲이 더욱 짙푸른 빛을 발합니다. 옛 성현이 왜 "세한연후 지송백지후조야(歲寒然後 知松柏之後凋也)"라고 말씀하셨는지 그 뜻을 조금은 알 것 같습니다.

며칠 전 여러 사람이 뜻을 모아 한 지인의 사무실로 생일 축하 꽃다발을 보낸 적이 있습니다. 꽃다발 리본에 누구의 이름을 써야 할지 고민하다가 '송백회 회원 일동'이라는 이름으로 꽃다발을 보냈습니다. 그랬더니 그 지인이 송백회라는 이름이 특이하다면서 무슨 뜻이냐고 물어왔습니다. 송백회라는 이름은 논어의 "세한연후 지송백지후조야(歲寒然後 知松栢之後凋也)"라는 구절에서 따온 것입니다. 추운 겨울이 찾아온 후에야 비로소 소나무와 잣나무가 시들지 않음을 안다는 뜻입니다. 어떠한 상황에서도 변함없이 한결같은 사람을 송백 같은 사람이라고 하는데 그 유래가 바로 여기에 있습니다.

논어의 이 구절은 추사 김정희가 그린 세한도(歲寒圖)의 화제(畫題)로도 잘 알려져 있습니다. 추사는 제주도에서 유배 생활을 할 때 청나라에서 많은 책을 구해 보내준 제자 이상적에게 고마움의 표시로 세한도를 그려 주었다고 합니다. 송백은 사시사철 푸르지만, 사람들은 평소에는 송백의 푸르름을 깨닫지 못합니다. 송백의 푸르름은 추운 겨울이 오고 다른 나무들이 앙상한 가지를 드러낼 때 비로소 빛을 발합니다. 세한도의 발문(跋文)에 썼듯이 추사는 정치적으로 몰락한 자신을 변함없이 한결같은 마음으로 대해준 이상적을 송백과도 같은 사람이라고 생각했던 것입니다.

안타깝게도 지금은 추사의 제자 이상적과 같은 사람을 찾아보기가 쉽지 않은 세상입니다. 사형수인 친구 피디아스를 대신해 감옥에 갇힌 다몬과 같은 사람은 발견하기가 더더욱 어려운 세상입니다. 셰익스피어의 희곡『아테네의 타이몬(Timon of Athens)』에 나오는 인간 군상들처럼 비열하고 거짓된 사람들이 거리에 넘쳐흐릅니다. 하지만 어디 지금 이 시대뿐이겠습니까? 추사의 시대에도 그랬고, 그보다 훨씬 오래 전인 태사공 사마천의 시대에도 마찬가지였습니다. 그래서 태사공은 사기에서 "권세와 이익을 바라고 모인 사람들은 권세와 이익이 다 하면 인간관계가 성글어진다."고 말하였던 것입니다.

인정하고 싶지는 않지만, 자신의 이해관계에 따라 행동하는 것은 어쩔 수 없는 인간의 본성입니다. 권세와 이익을 좇는 것은 친구 사이는 물론이고 사랑하는 연인 사이에서도 왕왕 일어나는 일입니다. 심지어 피를 나눈 부모와 자식 관계도 예외는 아니어서 셰익스피어의『리어왕』이나 발자크의『고리오 영감』이야기를 우리는 현실에서도 심심치 않게 목도(目睹)하곤 합니다. 그렇게 생각하면 내가 곤궁하고 어려움에 부닥쳤을 때 나를 외면하고 등을 돌리는 사람이 있다고 해도 서운해하거나 상처받을 일이 아닙니다. 원래 세상은 그런 것으로 생각하면 마음이 편안해집니다. 우정을 배신한 친구나 사랑을 저버린 연인에게도 담담하고 여유로운 마음을 가질 수 있을 것입니다.

　벌써 몇 시간 째 눈은 그칠 줄 모르고 하염없이 내립니다. 이렇게 눈 내리는 날은 따뜻한 커피가 제격입니다. 비서가 가져다준 블랙커피 한 모금을 마시며 이상적과 같은 사람이 제 주변에 몇 사람이나 될지 생각해보았지만 그다지 자신이 없습니다. 오히려 서운한 사람들만이 눈앞에 아른거립니다. 하지만 지나온 저의 삶과 행적을 돌이켜 보니 딱히 서운해할 일만도 아닙니다. '가랑잎이 솔잎더러 바스락거린다고 한다.'는 속담이 있는데 저 역시 많은 점에서 가랑잎처럼 살아왔습니다. 이상적과 같은 친구를 한두 사람이라도 두기를 원했다면 저 자신이 먼저 주위 사람들에게 그런 사람이 되었어야 했을 일입니다. 그렇게 해서 설혹 내가 타이몬이 되고 고리오 영감이 된다고 할지라도 나의 삶이 무가치한 삶은 아닐 것입니다. 뒤늦은 깨달음 속에 맞이하는 첫눈 내리는 날입니다.

(2016.12.24)

항룡유회 亢龍有悔

지난 토요일, 전남도청의 옛 동료와 함께 구례를 다녀올 기회가 있었습니다. 도청에서 과장으로 일하다가 1월 인사에서 구례 부군수로 영전하신 분의 점심 초대를 받았기 때문입니다. 약속장소인 화엄사 집단시설지구에 10시쯤 전원이 도착한 후 점심때까지 2시간여의 여유가 있어 남은 자투리 시간을 활용해 연기암까지 가벼운 산행을 했습니다. 완만한 등산로를 걸으면서 이런저런 이야기를 나누다 보니 도청에서 고위직으로 퇴임하신 후 정치에 뛰어든 분들이 화제로 떠올랐습니다. 잘 되신 분들도 있지만, 영어(囹圄)의 몸인 분들도 계시는데 만족할 줄 모르는 지나친 욕심이 부른 화(禍)라는 의견이 많았습니다. 개인적으로 가깝게 모셨던 분들이라 항룡유회(亢龍有悔)의 안타 까움을 금할 수 없었습니다.

항룡유회는 대만 작가 김용이 쓴 『사조영웅전(射鵰英雄傳)』에 나오는 유명한 무공초식 이름이기도 합니다. 사조영웅전을 읽다 보면 주인공 곽정이 홍칠공으로부터 항룡십팔장을 전수받는 장면이 나옵니다. 항룡십팔장은 모두 18개의 초식으로 이루어져 있는데 첫째 초식의 이름이 바로 항룡유회(亢龍有悔)입니다. 항룡유회를 글자 그대로 해석하면 '하늘 끝까지 올라간 용은 후회할 일이 있다.'는 뜻입니다. 이화접목, 일위도강 등 중국 무협지에 나오는 멋들어진 무공의 명칭은 중국의 고전이나 고사에서 유래한 것들이 많습니다. 항룡유회 역시 예외가 아니어서 『주역(周易)』 64괘 중 건괘(乾卦)에서 빌려 온 것입니다. 주역 64괘는 각각 6개의 효(爻)로 이루어지는데 괘가 전체적인 상황을 말한다면 효는 전체적인 상황 속에서 나타나는 하나의 특수한 경우를 상징한다고 합니다.[5]

항룡유회는 건괘의 6효 중 마지막 효를 설명한 효사(爻辭)에 나오는 말입니다. 주역의 건괘는 전체적으로 왕성한 기운이 넘

---

5) 양(-)과 음(--)을 세 묶음으로 조합하여 8괘(☰☱☲☳☴☵☶☷)를 얻는데 이를 소성괘(小成卦)라 한다. 8개의 괘 중 건(乾), 곤(坤), 감(坎), 이(離) 4괘는 태극기에 사용되고 있다. 8개를 두 개씩 조합하여 64개(= 8×8)의 괘를 얻는데 이를 대성괘(大成卦)라고 한다. 괘마다 6개의 효(爻)가 있고, 효의 의미를 설명한 것을 효사(爻辭)라고 한다.

치는 남성적 기상을 상징하는데 용에 비유하여 인간의 운세를 자세히 설명하고 있습니다. 물속에 잠겨서 실력을 기르는 용을 잠룡(潛龍)이라 합니다. 잠재적 대통령 후보를 잠룡이라고 부르는 것은 여기서 유래한 것입니다. 때를 만나 세상에 모습을 드러낸 용을 현룡(現龍)이라 하고, 하늘을 날면서 뜻을 펼치는 용을 비룡(飛龍)이라고 합니다. 하늘 끝까지 올라간 용을 항룡(亢龍)이라고 하는데 하늘 끝까지 올라간 용은 다시 내려올 수밖에 없습니다. 그래서 부귀영화가 극도로 달한 사람이 겸손하지 않고 교만하거나 독단적으로 처신하면 패망하게 된다는 것이 항룡유회의 참뜻입니다.

사람이 그 욕심에 한계가 없으면 반드시 후회할 일이 생기기 마련입니다. 부귀영화가 극에 이른 사람들이 만족할 줄 모르고 자기 자신을 절제하지 못해 파국에 이른 수많은 역사적 사례들은 우리에게 말 없는 교훈을 던져주고 있습니다. 로마의 카이사르, 진나라의 여불위, 조선 정조 때의 홍국영 등 한 시대를 풍미했던 인물들이 항룡유회의 참뜻을 깨달아 실천했더라면 그렇게 비참한 말로를 맞이하지는 않았을 것입니다. 항룡유회의 비극은 역사 속의 이야기만은 아니며 현대에 들어와서도 여전히 반복되고 있습니다. 이승만 전 대통령의 하야와 박정희 전 대통령의 암살, 박근혜 전 대통령의 탄핵 등 역대 한국 대통령들이 겪은 비극이 그 생생한 증거입니다.

  등산은 산에 올라가는 것만이 등산이 아니라 산에서 내려올 때 비로소 등산이 완성된다고 합니다. 대통령이든 국회의원이든 아니면 고위공직자든 간에 권력의 자리는 국가와 국민을 위해 봉사하라고 부여된 한시적인 자리입니다. 산 정상에 올랐으면 다시 내려와야 하듯이 때가 되면 언젠가는 권력의 자리에서 물러나야 합니다. 그럼에도 천년만년 그 자리에 있을 것처럼 권력을 남용하고 사유화하다 보니 항룡유회의 비극을 피할 수 없는 것입니다. 검찰 소환조사를 코앞에 두고 있는 이명박 전 대통령도 마찬가지입니다. 항룡유회! 무릇 우리 사회의 지도층에 있는 분들이라면 누구나 할 것 없이 깊이 명심해야 할 삶의 교훈입니다.

(2018. 2. 12.)

오빠

저는 3남 2녀 중 장남으로 아래로 남동생만 둘이 있습니다. 아버지가 독자인 까닭에 사촌 여동생도 없습니다. 그래서 그런지 어린 시절 여동생이 있는 친구들이 무척이나 부러웠습니다. 무엇보다 오빠라는 호칭 때문이었습니다. 그녀들이 친구를 향해 "오빠!" 하고 부르는 호칭이 그렇게 정답고 포근하게 들릴 수가 없었습니다. 요즘 같으면 친구 여동생들하고도 스스럼없이 어울렸겠지만, 옛날에는 남녀의 내외 구분이 엄격했던 터라 그럴 기회가 없었습니다. 그래서 그런지 30대 후반까지만 하더라도 오빠라는 호칭에 대한 갈망이 여전했습니다. 의남매라도 좋으니 여동생이 하나 있으면 하는 생각을 가끔 하고 했던 것입니다.

지금까지 살면서 저를 오빠라고 불러준 사람이 없었던 것은 아닙니다. 저를 처음 오빠라고 부른 사람은 지방 국립대 사범대학에 재학 중이던 여대생이었습니다. 제가 대학원 1년 차였던 1984년 12월 초의 어느 날, 겨울방학을 맞아 고향에 내려간 저는 지인의 소개로 사범대 3학년생이었던 S를 처음 만났습니다. S의 고향은 광주인데 순천으로 유학을 와서 작은아버지 댁에 머무르고 있었습니다. 처음 S를 만났을 때 유난히 새하얀 피부와 긴 생머리, 웃을 때 드러나던 가지런한 치아가 무척이나 예뻤던 기억이 납니다. 그녀와는 딱 두 번 만났습니다. 소개받던 날 순천대학 근처의 다방에서 만난 것이 첫 만남이었고, 그 이듬해 2월 말경 순천역 인근 다방에서 만남이 두 번째 만남이자 마지막 만남이었습니다.

그녀를 소개받은 다음 날 친구들과 함께 절로 들어가 공부를 하기로 했던 저는 이렇다 할 데이트 한 번 못한 채 아쉬운 작별을 해야만 했습니다. 그렇게 헤어진 우리는 일주일이 멀다 하고 편지를 주고받으며 조금씩 조금씩 사랑을 키워나갔습니다. 요즘 같으면 전화라도 자주 했겠지만, 그 당시는 스마트폰은 말할 것 없고 유선전화도 흔치 않았던 시절이었습니다. 깊은 산 속 암자에 전화가 있을 리 없어 오직 그녀가 보내온 편지를 읽는 것이 저의 유일한 기쁨이었습니다. 1985년 2월, 방학이 끝날 무렵 절에서 나온 저는 신학기 개학 전 틈을 내 고향으로 내려갔습니다. 도착하자마자 S에게 전화했는데 불행히도 전화를 받은 사람이 S의 작은아버지였습니다. 초등학생들의 남녀교제에 대해서도 관대한 요즘과 달리 그 당시는 성인인 대학생들의 남녀교제도 부정적 시선으로 바라보았던 시절이었습니다. S의 작은아버지는 다짜고짜 저를 연애질이나 하는 한심한 놈 취급을 하면서 S에게 다시는 전화를 하지 말라는 말과 함께 일방적으로 전화를 끊어 버렸습니다.

전혀 생각지도 못한 일로 자존심이 무척 상했지만 S에게 연락할 길이 없어 S를 소개해준 지인에게 부탁해 그다음 날 순천역 근처의 다방에서 S를 만났습니다. S를 보자마자 저는 대뜸 S에게 나를 어떻게 생각하는지 물었습니다. 제가 원했던 대답은 '이성으로서 진지하게 만나고 싶은 사람'이라는 말이었습니다. 그런데 당황한 표정으로 잠시 망설이던 S는 저를 오빠처럼 생각한다며 앞으로 오빠라고 부르고 싶다고 했습니다. S의 대답에 저는 크게 실망했습니다. 오빠처럼 생각한다는 S의 말이 '당신은 좋은 분이지만 이성으로 생각하지는 않아요.'라는 뜻으로 들렸기 때문입니다. 낙담한 저는 그렇게 생각한다면 우리가 더는 만날 이유가 없다면서 다시는 만나지 말자는 말을 남기고 다방을 나왔습니다. 그리고는 S를 잊기 위해 공부에만 전념하였고 그해 가을에 치러진 행정고시에서 합격의 기쁨을 누릴 수 있었습니다.

　지금 생각하면 뚱딴지같은 저의 물음에 S가 생각해 낼 수 있는 최선의 대답이 오빠처럼 생각한다는 대답이었을 것입니다. 그동안 편지만 주고받았을 뿐 기껏해야 한 번 만났던 사람입니다. 그것도 다방에서 만나 한두 시간 이야기했을 뿐 데이트 한 번 제대로 해보지 못한 남자에게 S가 무슨 대답을 할 수 있었겠습니까? 문제는 오빠라는 호칭에 대한 해석이 S와 제가 서로 달랐다는 것입니다. 어쩌면 S의 말은 연인 관계를 원한다는 뜻을 에둘러 표현한 것이었을지도 모릅니다. 하지만 그때만 해도 저에게 있어 오빠라는 표현은 연인 간의 용어가 아니었습니다. 이성 간이 아닌 친 오누이와 같은 관계에서나 사용될 수 있는 그런 말이었습니다. 어렸을 때부터 여동생을 갖고 싶은 소망이 제 마음속에 너무 깊이 뿌리 내리고 있어 그랬는지도 모르겠습니다.

　지금 와서 그때의 제 행동을 돌이켜보니 제가 남녀 간의 일에 대해 너무 무지했고 여자의 심리를 몰라도 너무 몰랐다고 밖에 할 수 없을 것 같습니다. 그렇게 이별을 고한 후 자리를 박차고 나가는 저의 뒷모습을 보면서 그녀가 얼마나 황당하고 어이없어 했을까요? 그렇게 헤어지고 1년 뒤인 1986년 2월, 지인의 졸업식장에서 먼발치에서나마 그녀를 다시 한 번 만날 기회가 있었습니다. 내심 반가웠지만, 선뜻 아는 체를 할 수 없었습니다. 1년이란 세월의 간극도 있었지만, 그때 그렇게 자리를 박차고 나온 것이 부끄러웠기 때문입니다. 만남도 아니고 만남이 아닌 것도 아닌 그런 만남! 우리는 서로 말없이 멀리서 눈인사만 나눈 후 또 그렇게 헤어졌습니다. 세월이 많이 흘러서인지 지금은 얼굴도 가물거립니다. 하지만 우연히 길거리에서 마주친다면 이제는 차 한 잔을 앞에 놓고 웃으면서 옛날이야기를 할 수 있을 것 같습니다.

(2018. 2. 19)

촌놈들의 서울 정복기 征服記

저는 고향이 순천이지만 중학교를 졸업한 후 고향을 떠나 전주에서 유학 생활을 했습니다. 초등학교를 졸업하고 중학교에 입학했을 때 제 꿈은 호남의 명문고인 광주제일고에 들어가는 것이었습니다. 그런데 제가 중학교에 입학한 다음 해인 1974년에 광주, 대구 등 대도시 지역에서 고등학교 입학시험 제도가 폐지되고 추첨으로 학교를 배정하는 평준화 제도가 시행되면서 제 꿈은 물거품이 되었습니다.

실망을 금치 못하고 있던 저에게 새로운 희망을 품게 해 준 것은 중학교 1년 선배가 전주고등학교에 합격했다는 소식이었습니다. 당시 전주는 비평준화 지역으로 전주고등학교는 매년 100여 명에 이르는 서울대 합격자를 배출하는 전라북도 제일의 명문고였습니다. 중3 진급이 얼마 남지 않은 어느 날, 담임선생님으로부터 1년 선배가 전주고에 합격했다는 소식을 전해 들은 저는 새로운 도전 의욕으로 불타올랐습니다. 광주제일고만이 아닌 전주고도 있다는 사실을 깨닫고 새로운 목표를 갖게 된 저는 중학교 3학년 내내 정말 열심히 공부했고 그 다음 해 1월에 전주고 합격이란 기쁨을 누릴 수 있었습니다.

원했던 고등학교에 입학한 저의 다음 목표는 서울대였습니다. 하지만 부모님 품을 떠나 생전 처음 객지 생활을 하게 된 저의 고등학교 생활은 순탄치 못했습니다. 부모님의 통제와 간섭이 없는 자유로움을 만끽한 대가는 뼈아팠습니다. 3학년에 올라가면서 뒤늦게 정신 차린 저는 이를 악물고 공부에 매진했지만 160여 명의 친구들 이름이 올라있던 서울대 합격자 명단 속에 제 이름은 없었습니다.

아픈 만큼 성숙한다는 말이 있는데 고등학교 3년은 쓰라린 상처로 가득한 방황의 시절이었습니다. 상처가 큰 탓이었는지 대학에 들어갔지만, 고등학교 동창들과의 교류는 뜸해졌습니다. 대학을 졸업하고 대부분의 동창은 서울에 자리를 잡았지만, 전남도청에서 직장생활을 하게 된 저는 동창들과의 거리가 더욱 멀어졌습니다. 그러다가 수십 년이 흐른 지난 2012년, 행정안전부 전입으로 서울로 직장을 옮기게 되면서 동창들과의 교류가 다시 시작되었습니다.

3학년 때 9반이었던 우리는 매년 3월 9일과 9월 3일 두 차례 정기모임을 갖는데, 올해는 상반기 모임 날짜인 3월 9일이 토요일인 관계로 하루를 앞당긴 오늘 모임을 하게 되었습니다. 반가운 얼굴들이 만났으니 술잔이 아니 돌 수 없습니다. 한 사람씩 돌아가면서 간단한 근황 설명과 함께 건배 제의를 하는데 한 친구의 이야기가 가슴에 와 닿습니다. 시골 촌놈들이 서울까지 올라와 이만큼 자리 잡은 것은 우리 스스로 자랑스럽고 대견해야 할 일이라면서 우리 자신을 위해 건배하자는 것입니다.

그러고 보니 한 사람 한 사람의 친구들이 모두 다 사랑스럽고 훌륭한 친구들입니다. MBC 본사 보도국장으로 있는 J, 아시아경제신문 사장을 거쳐 지금은 에너지 회사 사장으로 있는 L, 국토부 항공정책실장을 끝으로 공직을 은퇴하고 인천공항공사 사장으로 일하고 있는 G, 검사장을 거쳐 지금은 변호사로 맹활약 중인 S, SK네트웍스 사장을 역임하고 다음 주부터 SPC삼립 사장으로 일하게 될 또 다른 L, 국회 환경노동위원회 수석전문

위원인 K 등등 누구 하나 빠지지 않는 대단한 친구들입니다.

어느 책에선가 읽었던 대한민국 현대사는 '촌놈들의 서울 정복기'라는 말이 생각납니다. 가질 것 없고 내세울 것 없었던 저와 제 친구들은 성공에 대한 꿈과 열정으로 희망의 사다리를 한 걸음 한 걸음 걸어 올라 지금에 이르렀습니다. 돌이켜보면 그 시절은, 비록 지금은 가난하고 힘들지만, 열심히 공부하고 최선을 다해 일하다 보면 언젠가는 성공할 수 있다는 희망이 넘쳤던 시절이었습니다. 하지만 이제는 개천에서 용이 나기를 기대하기 어려운 시대가 되어버린 것 같아 안타까울 뿐입니다.

(2019. 3. 8)

대학 동창회

어제저녁 대학 동창들과 신년 교류 모임을 가졌습니다. 우리는 한국 현대사에서 격동의 시기였던 1980년에 후기대학이었던 한양대학교 행정학과에 입학했습니다. 당시 전기 대학으로는 서울대, 고려대, 연세대 등이 있었고 한양대는 성균관대와 함께 후기대학이었습니다. 입학 당시 행정학과 동기생들은 저를 포함해 총 20명이었는데 대부분이 재수 경험을 간직하고 있었습니다. 그 의미는 전기대학 입시에서 두 번이나 실패의 쓴잔을 마셨다는 뜻입니다.

거듭된 실패에 대한 보상심리 탓인지는 모르지만, 대부분 동기생들은 입학하자마자 대학의 낭만을 즐길 겨를도 없이 곧바로 행정고시에 매달렸습니다. 그러다가 3명의 동기생은 당초 원했던 대학에 꼭 들어가겠다며 삼수의 길을 선택했습니다. 남은 17명의 인생행로는 행정고시 합격 후 공직의 길을 선택한 사람이 11명, 대학교수가 되어 학문의 길을 선택한 사람이 3명, 공기업에 입사한 친구가 2명입니다. 그리고 각자가 선택한 길에서 30년이 넘는 세월을 참으로 열심히 살아왔습니다.

나이 들수록 꼭 필요한 세 가지가 있는데 건강과 적당한 돈, 그리고 같이 놀아 줄 친구라고 합니다. 그리고 오래될수록 좋은 것은 술과 골동품, 친구뿐이라는 말도 있습니다. 20대 청춘 시절로 돌아가 함께 마시고 떠들고 즐기다 보니 세 시간이 눈 깜짝할 사이에 훌쩍 지나갔습니다. 17명의 친구 중 벌써 3명의 친구가 유명을 달리했습니다. 남은 친구들만은 오래오래 건강한 모습으로 우정을 나눌 수 있기를 소망합니다.

(2020. 1. 14)

▼
▼
▼
▼

2부

나의 사랑 나의 힘

가족

아들의 긴 머리

부모보다는 친구가 좋고, 집보다는 학교 기숙사가 더 편하다는 아들 녀석이 모처럼 집에 왔습니다. 저녁 10시가 넘어서 친구와 술 한잔하러 간다는 녀석을 억지로 붙잡아 사진 한 장을 찍었습니다. 아들 녀석도 지치림 사진 찍기를 싫어하든요. "새벽 3시쯤 들어올 거예요." 하면서 "기다리지 마세요." 하고 나가는 녀석의 뒷모습을 보면서 품 안에 있을 때 자식이라는 옛 어른들의 말이 하나도 그르지 않다는 생각을 했습니다. 다른 건 그렇다 하더라도 반란군 머리 같은 저 긴 머리라도 단정하게 깎았으면 좋겠습니다. 잔소리 한마디 하려다가 '나도 저만한 나이 때는 그랬었지'하는 생각에 입까지 나온 말을 접었습니다.

문득 대학 다닐 때 절친하게 지냈던 친구 생각이 떠올랐습니다. 판사 생활을 거쳐 지금은 변호사로 활동하고 있는 친구인데 대학 시절에는 자유인처럼 살기를 원했던 친구였습니다. 그 친구도 제 아들처럼 머리를 길게 기르고 다녔었는데 집에 다녀온 어느 날 절 보고 그러더군요. 부친이 자기 머리를 보더니 "소리 안 나는 권총이 있으면 콱 쏴 죽이고 싶다."라고 하셨다면서 사람 좋은 너털웃음을 터트렸습니다. 얼마나 아들의 긴 머리가 보기 싫었으면 그런 말씀까지 하셨을까요?

제가 대학 다닐 때가 1980년대 초반이었는데 장발에 대한 어르신들의 거부감이 클 때였습니다. 지금 세대는 이해하기 어렵겠지만, 경찰이 손에 줄자와 가위를 들고 미니스커트를 입은 여성과 장발을 한 젊은 남성들을 단속하던 시절이 불과 몇 년 전이었으니까요. 1975년에 만들어진 영화 '바보들의 행진'에도 경찰이 장발한 주인공을 쫓는 장면이 자연스러운 풍경으로 나올 정도였습니다.

그러나 한편 생각하면 '저 나이 때 저렇게 머리를 길러보지 않으면 또 언제 길러볼까? 하고 싶은 것은 무엇이든지 다른 사람 눈치에 구애됨이 없이 해 볼 수 있는 것이 젊음의 특권 아닐까?' 라는 생각이 듭니다. 나이 먹으면 후회되는 일 중의 하나가 젊었을 때 하고 싶은 것들을 못 해본 것입니다. 지금이라도 하면 되지 않느냐 말할지 모르지만, 이 세상에는 그 나이 때가 아니면 할 수 없는 일들이 많습니다. 50대에 접어든 제가 지금 장발에 울긋불긋 염색하고 다니는 것은 꿈도 못 꿀 일입니다. 다 좋으니 아들 녀석이 지금처럼 자기 나이에 맞는 다양한 경험을 하면서 아무 구김살 없이 건강하게 자기 인생을 살아가면 좋겠습니다.

(2013. 2. 5)

명절이 주는 기쁨

올 설 명절은 다른 해에 비해 유난히 짧았습니다. 하지만 짧았던 이번 설 명절이 저에게는 모처럼 아들 녀석과 긴 시간을 함께할 수 있었던 소중한 명절로 기억에 남을 것 같습니다. 제 아들 녀석은 올해 우리 나이로 22살이 되었는데 이제 대학 4학년으로 올라갈 예정입니다. 그동안 저도 바쁘게 살아왔고 아들 녀석도 항상 공부에 쫓기다 보니 서로 대화할 시간이 별로 없었는데 이번 설 연휴 기간에 난생처음으로 많은 이야기를 나눌 수 있었습니다. 아들 녀석과 서로 마음을 열고 주고받았던 대화의 기쁨도 기쁨이었지만 항상 어리게만 생각되었던 녀석의 성장을 확인할 수 있었던 것도 그에 못지않은 즐거움이었습니다.

특히 설날 당일, 명당자리를 찾아 여기저기 조성된 조상의 묘를 아들과 같이 찾아뵈었던 것이 많은 대화를 나눌 좋은 기회가 되었습니다. 이전에 그럴 기회가 없었던 것은 아니지만, 그동안에는 많은 사람과 함께 움직였던 탓에 아들 녀석과 호젓하게 대화할 기회가 없었습니다. 그런데 이번에는 저와 바로 아래 동생, 그리고 아들 녀석 이렇게 셋이서만 움직인 덕분에 많은 대화를 나눌 수 있었죠.

대화를 통해 지금까지 몰랐던 아들 녀석의 많은 것을 알게 되었습니다. 진로 문제에 대한 녀석의 고민도 들을 수 있었지요. 어렸을 때부터의 꿈이었던 과학자의 길을 계속 가야 할지 아니면 대학 졸업 후 의학전문대학원으로 진학해 의사의 길을 걸어야 할지 고민이 크다고 했습니다. 제 나름대로는 최선을 다해 아들 녀석의 고민에 이런저런 조언을 했지만, 선택은 결국 본인 외 몫입니다. 아들 녀석이 아빠와의 대화 속에서 무언가 실마리를 찾아 현명한 선택을 내릴 수 있기를 바랄 뿐입니다.

온전치 못한 제 동생의 장래에 대해서도 부모 못지않게 염려하고 있다는 사실도 처음 알게 되었습니다. 평소 학교 기숙사에서 집으로 돌아오면 아무런 생각이 없는 듯 동생과 장난치고 웃고 떠들기만 했던 아들 녀석이 그런 속 깊은 생각을 하고 있으리라고는 조금도 눈치채지 못했던 것입니다. 뿌듯하고 대견하기도 했지만 안쓰럽고 미안한 마음이 더 컸습니다.

   그동안 아들 녀석의 교육은 전적으로 아내의 몫이었습니다. 전 모든 것을 아내에게만 맡겨둔 채 바쁜 직장생활을 핑계로 밖으로 돌기만 했습니다. 그런데 어느 날 잠시 멈춰 서서 되돌아보니 항상 어린 줄 알았던 제 아들이 저도 모르는 사이에 훌쩍 커서 성인이 되어 있더군요. 솔직히 말씀드리면 그동안 갑작스럽게 어른이 되어버린 아들 녀석과의 대화가 쉽지만은 않았습니다. 한창 성장기에 갖지 못했던 대화의 공백은 이해의 장벽을 낳았고, 이해의 장벽은 마음의 거리를 생기게 했습니다. 그러나 이번 설 연휴 기간에 모처럼 아들 녀석과 많은 시간을 함께 보내면서 그런 장벽은 다 사라지고 녀석과 한층 더 가까워진 느낌입니다. 아! 이래서 명절이 좋긴 좋나 봅니다.

(2013. 2. 11)

선물

내일은 3월 14일 화이트데이입니다. 오늘 오전에 제과점에서 내일 아침 아내와 딸아이에게 줄 사탕 바구니 선물을 샀습니다. 한 달 전, 밸런타인데이에 받았던 초콜릿 선물의 답례입니다. 저것 이날을 잊고 넘어갈까 봐 조금은 걱정했는데 잊지 않아서 다행입니다. 상인들이 상술 목적으로 밸런타인데이나 화이트데이같이 국적도 불분명한 기념일들을 만들었다고 비판하는 사람들도 적지 않습니다. 하지만 크게 비싼 선물을 주고받는 것도 아닌데 굳이 부정적으로 볼 필요는 없는 것 같습니다. 오히려 이런 날들이 있어 사랑하는 사람들끼리 선물을 주는 기쁨과 받는 기쁨을 함께 나눌 수 있어 좋다고 생각합니다.

그런데 선물은 받는 기쁨도 크지만, 주는 기쁨이 더 크고 더 오래가는 것 같습니다. 선물의 목적은 받는 사람을 기쁘게 하기 위한 것이지만 어쩌면 주는 우리가 더 큰 기쁨을 누리기 위한 것일지도 모릅니다. 우리는 사랑하는 사람들이 선물을 받고 기뻐하는 모습에서 우리 자신이 더 큰 행복과 만족을 느낀 경험을 누구나 가지고 있습니다. 그러기에 선물은 뇌물과 달리 어떤 대가를 바라고 주는 것이 아닙니다. 만약 어떤 대가를 바라고 준 것이라면 그것은 선물이 아니라 선물로 위장된 뇌물입니다. 20세의 클레오파트라는 실오라기 하나 걸치지 않은 눈부신 나신의 자기 자신을 카펫으로 감싸 시저에게 선물로 바쳤습니다. 클레오파트라의 선물은 극적이고 로맨틱하기는 하지만 정략적 목적을 담고 있기에 이미 선물이 아닌 것입니다.

선물은 물건을 주는 것이지만 단순히 물건만을 주는 것이 아닙니다. 값으로 헤아릴 수 없는 사랑도 함께 담아 주는 것입니다. 미국의 작가 오 헨리(O. Henry)가 쓴 단편소설 『크리스마스 선물(The Gift of the Magi)』에 나오는 짐과 델라의 이야기는 바로 그 점을 우리에게 말해 주고 있습니다. 짐의 머리빗과 델라의 시곗줄은 각자가 가지고 있는 가장 소중한 것을 팔아 마련한 것입니다. 두 사람의 선물은 서로에 대한 깊은 사랑의 마음을 담고 있기에 그 소설을 읽는 우리는 진한 감동을 느낍니다.

이처럼 선물은 물건의 값어치보다 그 안에 담긴 마음이 더 귀중한 것이기에 반드시 비쌀 필요가 없습니다. 하지만 실제로 주는 사람으로서는 선물을 고르는 일이 쉬운 일이 아닙니다. 가격이 너무 싸지는 않는지, 받는 사람한테 불필요한 물건은 아닌지, 주고도 욕먹는 것은 아닌지 고민할 때가 많습니다. 사랑하는 사람들 사이에서도 선물의 가격과 사랑의 깊이를 동일시하는 경우가 적지 않은 것이 현실입니다. 그러다 보니 선물을 고르면서 누려야 할 기쁨이 때로는 고통으로 변하기도 합니다.

금아 피천득의 글 중에 『선물』이란 제목의 수필이 있습니다. 그 수필의 한 대목에 금아가 내금강에 갔다 오면서 만폭동의 단풍 한 잎을 선물로 노산 이은상에게 갖다주었더니, 노산이 그 단풍잎을 받고 아름다운 시조를 지어 발표했다는 이야기가 나옵니다. 그 글을 읽으면서 단풍 한 잎을 따서 벗에게 선물한 금아의 오치기 부리웠습니다. 하지만 금아의 선물에 기뻐하며 멋진 시상을 떠올린 노산의 풍류는 더 멋져 보였습니다. 이 세상을 살면서 금아를 흉내 내기는 어렵겠지만, 선물을 받는 마음만은 항상 노산이고 싶습니다.

(2013. 3. 13)

봄나들이

오늘 모처럼 가족과 함께 봄나들이를 했습니다. 가족이라 해 봤자 대학 다니는 아들 녀석은 개학해서 대전에 가고 없고 아내와 딸아이, 저 이렇게 셋뿐입니다. 오늘 행선지는 담양이었습니다. 먼저 죽녹원에 들러 산책을 하고 근처의 맛집에서 점심을 먹은 후 대전면에 있는 하늘마루 정원에서 차 한잔할 계획을 세우고 집을 나섰습니다.

집 안에 있을 땐 몰랐는데 밖에 나와 보니 온 세상에 봄기운이 가득했습니다. 춥다고 몸을 웅크리고 다닌 것이 엊그제 같은데 오늘은 승용차에 에어컨을 켜야 할 정도로 날이 포근했습니다. 옛날 남산골 딸깍발이가 기승을 부리는 동장군에게 이를 박박 갈면서 "요 괘씸한 추위란 놈 같으니, 어디 내년 봄에 두고 보자." 했다던데 딸깍발이가 지금 살아 있다면 "내가 뭐라고 했어?" 하며 의기양양해하겠지요.

관방제림 근처에 차를 주차하고 죽녹원으로 향하려는데 네 발 자전거를 타고 담양천의 둔치를 오가는 가족들의 단란한 모습이 보였습니다. 그 모습을 보고 아내도 자전거를 타고 싶어 해 1만 원을 주고 네 발 자전거 한 대를 대여받았습니다. 담양천변을 따라 페달을 밟고 가는 얼굴에 따사로운 봄볕이 스치며 지나갑니다. 우리 속담에 '봄볕에는 며느리 내보내고 가을볕에는 딸 내보낸다.'는 말이 있는데 봄볕이 들으면 서운해할 일입니다.

천변을 따라 심겨 있는 개나리 가지에도 연두색 새순이 가득 돋아나 또 한 번 화려한 부활의 기지개를 켜고 있었습니다. 옆에서 콧노래를 흥얼거리던 아내가 "전부터 꼭 한 번 이렇게 자전거를 타고 싶었어." 하고 소원성취라도 한듯 혼잣말을 합니다. 아! 전 정말 나쁜 남편입니다. 바쁘다는 핑계로 저 혼자 밖으로 도는 동안 아내의 삶이 얼마나 고적했을까요?

자전거를 반납한 후 셋이서 징검다리를 건너 천변 데크를 걸으면서 가벼운 장난도 치고 사진도 찍고 하다 보니 점심시간이 훌쩍 지나가 버렸습니다. 죽녹원 산책은 다음으로 미루고 담양에 사는 지인에게 '쌍교 숯불구이'라는 맛집을 추천받아 바로 식당으로 향했습니다. 송강정 바로 옆에 있는 식당은 두 시가 지났음에도 손님들로 가득했습니다. 떡갈비를 주문했는데 밑반찬이 정말 깔끔하고 푸짐했습니다. 하나씩 맛보던 아내가 맛있다는 감탄사를 연발합니다. 아내가 행복해하니 제 마음도 행복해졌습니다.

식사를 마친 후 대전면에 있는 '하늘마루 정원'이란 홍차 전문 찻집에 들렀습니다. 전원주택을 찻집으로 고친 곳으로 내부 실내장식이 예쁘고 아기자기해 여성들이 좋아할 만한 곳입니다. 그런데 찻집에 도착하자마자 정원을 보고 아내가 이번에는 예쁘다는 말을 끊임없이 되뇝니다. 제 눈에는 아직 황량한 정원뿐인데 아내의 눈에는 저에게 보이지 않는 봄꽃 가득한 정원이 보이는 모양입니다.

봄볕이 따뜻한 찻집 앞 테라스의 의자에 앉아 체리 향이 나는 홍차를 마셨습니다. 산 중턱에 자리 잡은 찻집의 좌우는 높지 않은 산들이 둘러싸고 있는데 그 사이로 대전면의 너른 들녘이 보이고 그 너머 저 멀리 무등산과 광주 시가지가 눈에 들어옵니다. 봄볕은 어머니 품인 양 따사롭고 봄 향기 가득 머금은 산들바람은 부는 듯 마는 듯 제 얼굴을 어루만집니다. 스르르 눈을 감고 의자에 몸을 기댄 채 감미롭게 흐르는 음악을 듣고 있노라니 무릉도원이 따로 없습니다. 셋이 그렇게 한참을 보내다가 정원에 있는 흔들의자로 자리를 옮겨 또 한참 동안의 시간을 보냈습니다.

오늘은 모처럼 아내도 행복하고 딸아이도 행복한 하루였습니다. 하지만 정작 오늘 가장 큰 행복을 느낀 사람은 저였습니다. 요 며칠 세상이 텅 빈 듯 공허하고 쓸쓸해 오늘 누군가에게 기대고 싶었고 위로를 받고 싶었거든요. 가장으로서의 의무감에서 시작했던 오늘의 봄나들이가 오히려 저에게 가장 큰 위로와 삶의 활력을 불어넣어 주게 될 줄은 저도 미처 생각하지 못했던 일입니다. 내가 외롭고 힘들 때 항상 가까이 있으면서 나를 붙잡아 줄 사람은 역시 가족밖에 없다는 깨달음을 얻은 소중한 하루였습니다.

(2013. 3. 16)

백년해로

요즘 저의 일과 중의 하나는 고등학교 1학년인 딸아이의 등하교 픽업입니다. 장애아인 딸아이가 초등학교를 졸업하고 집에서 멀리 떨어진 중학교에 입학하게 되면서 도보 통학이 어렵게 되자 지난 4년 동안 아내가 해왔던 일입니다. 아내를 대신해서 딸아이를 돌보며 그동안 아내가 얼마나 힘들었을지 조금은 이해할 것 같습니다.

지난 몇 개월을 집에서 쉬면서 지금까지 밖으로만 돌면서 보지 못했던 아내의 삶을 가까이에서 지켜볼 수 있었습니다. 한 인간으로 사는 삶은 거의 포기한 채 오로지 엄마로서의 삶을 사는 아내가 정말 위대해 보입니다. 온갖 정성과 사랑으로 딸아이를 돌보는 아내를 지켜보면서 탈무드에 나오는 '신은 모든 곳에 있을 수 없어서 어머니를 보냈다.'는 말이 진리임을 깨닫습니다.

며칠 전 아침 딸아이를 학교에 바래다주고 집에 돌아와 보니 마침 KBS 아침마당이 방영 중이었습니다. 나이 지긋하신 남녀가 출연해서 만남의 자리를 갖고 있었는데 텔레비전 상단에 '나의 두 번째 짝을 찾습니다.'라는 자막이 있었습니다. 좀 더 지켜보니 인생의 중반을 훌쩍 넘어선 황혼의 노인들을 대상으로 한 짝짓기 프로그램입니다. 옛날 MBC의 '사랑의 스튜디오' 방송 이후 유사한 짝짓기 프로그램이 많이 방영되었는데 대부분 청춘남녀를 대상으로 했지 노인들을 대상으로 한 프로그램은 처음이 아닌가 합니다. 출연자들 나이를 보니 대부분이 60~70대입니다. 아들의 권유로 출연한 69세의 할머니도 있었습니다. 출연하신 분들의 대화에서 60세가 넘은 나이에도 그 마음만은 청춘남녀와 다를 바 없다는 것을 느낄 수 있었습니다.

아침마당을 시청하면서 참으로 세상이 많이 달라졌다는 것을 실감했습니다. 불과 한 세대 전만 하더라도 60세가 넘은 노인들이 공개적으로 짝을 찾는 일은 상상할 수도 없는 일이었습니다. 60세가 넘어 북망산 갈 날이 머지않은 나이에 짝을 찾는 일은 남부끄러운 일로 여겨졌습니다. 하지만 기대수명이 많이 늘어나 90세 넘어 사는 것도 어렵지 않은 상황에서는 모든 것이 크게 달라졌습니다. 60세에 배우자와 사별한 사람이라면 최소 30여 년을 홀로 살아야 합니다. 그 긴 세월을 홀로 살 수는 없는 일입니다. 하지만 노년에 새로운 짝을 만나 제2의 인생을 시작하는 일은 말처럼 쉬운 일이 아닐 것입니다. 새로운 사람끼리 만나 서로 맞춰가며 사는 것은 장미꽃 뿌려진 포장도로가 아니라 먼지 휘날리는 비포장도로를 걸어가는 일일지도 모릅니다.

불교에서는 부부의 인연을 1겁의 연이라고 말합니다. 1겁이란 물방울이 하나씩 떨어져서 바위를 뚫을 때까지 걸리는 무한대의 시간을 말하니 두 남녀가 만나 부부가 된다는 것은 그토록 소중한 인연입니다. 그렇게 만난 두 사람이 어떤 연유이건 간에 중간에 헤어지거나 사별의 아픔을 겪게 된다면 참으로 불행한 일입니다. 하루가 멀다고 지지고 볶고 싸우며 사는 부부도 미운 정만 있는 것이 아니라 고운 정도 같이 듭니다. '평생 웬수' 같은 남편이고 크산티페 같은 악처일지라도 백년해로 하는 부부는 참으로 행복한 사람들입니다.

제가 어렸을 때 탐독하곤 했던 월탄의 삼국지에는 수많은 명장면이 나오는데 그중의 백미는 유비, 관우, 장비의 도원결의 장면이 아닌가 합니다. 특히 세 사람이 의형제를 맺은 사실을 하늘에 알리는 고천문(告天文)에서 "불구동년동월동일생, 단원동년동월동일사(不求同年同月同日生 但願同年同月同日死 ; 같은 해, 같은 달, 같은 날에 태어남을 구하지 않았지만 단지 같은 해, 같은 달, 같은 날에 죽기를 원합니다.)"를 기원하는 장면은 어린 저에게도 큰 감동으로 다가왔습니다. 의형제도 이럴진대 부부는 더 말할 나위가 없습니다. 부부가 오래도록 같이 살다 한날한시에 같이 죽을 수만 있다면 큰 행복입니다. 그럴 수 없다면 남편이 먼저 가야겠지요. 늙은 홀아비가 혼자 사는 모습만큼 추한 것도 없을 테니까요.

(2013. 3. 22)

아들의 꿈

제 아들은 광주과학고를 조기 졸업하고 지금은 카이스트에 재학 중인 대학 4학년생입니다. 제 아들은 어렸을 때부터 우주에 관심이 많았습니다. 그래서 고등학교를 과학고로 진학했고 대학도 항공우주 분야에서 국내 최고인 카이스트를 선택했습니다. 카이스트는 1학년은 자유 학부이고 2학년을 올라갈 때 전공을 선택하는 시스템으로 전공 선택은 학생들의 희망을 100% 존중합니다. 그러다 보니 인기 없는 학과는 지원자 수가 적을 수밖에 없는데 항공우주공학과가 그런 학과에 속합니다.

제 아들은 어렸을 때의 꿈대로 항공우주공학과를 선택했습니다. 사실 저는 항공우주공학과보다는 인기가 좋은 다른 학과 선택을 권유했는데 그때 아들이 저를 보고 그러더군요.

"아빠! 먹고사는 데 지장 없다면 제가 하고 싶은 일을 하면서 살고 싶어요."

생각지도 못했던 아들 녀석의 말에 미국 작가 마크 트웨인의 작품 『톰 소여의 모험』에 나오는 일화가 머리를 스치고 지나갔습니다.

어느 화창한 일요일, 톰은 폴리 이모를 속이고 학교를 빼먹은 죄로 담장에 페인트칠하는 벌을 받게 됩니다. 그 일이 하기 싫어 죽을 지경인 톰은 친구들이 저 멀리에서 오는 것을 보고 재빨리 꾀를 생각해 냅니다. 입으로 휘파람을 불면서 마치 재미있는 놀이라도 하는 듯 신나게 페인트칠을 하기 시작합니다. 그 모습을 본 친구들은 톰에게 자기들도 페인트칠을 한 번 하게 해 달라고 사정하고 톰은 친구들에게 사과, 사탕 등을 받고서야 마지못한 듯 페인트칠을 허락합니다. 똑같은 페인트칠이었지만 이모가 시켜서 해야 했던 톰에게는 괴로운 노동이었고 스스로 좋아서 했던 친구들에게는 즐거운 놀이가 되었던 것입니다.

톰의 일화가 시사하듯 자기가 하고 싶은 일을 하며 사는 것이 행복한 삶이기에 저는 아들 녀석의 의사를 존중했습니다. 아들 녀석은 희망대로 항공우주공학과에 진학했고 그렇게 힘들다는 카이스트 생활을 즐겁게 해 왔습니다. 그러던 아들 녀석이 3학년이 끝날 무렵인 작년 12월 어느 날, "아빠! 나도 의학전문대학원에 한 번 가볼까?" 하더군요. 처음엔 그냥 해 보는 이야기인 줄 알았는데 그렇지가 않았습니다. 그래서 아들과 이야기를 자세히 나누는 과정에서 놀라운 사실을 알게 되었습니다. 광주과학고를 졸업하고 카이스트에 진학한 동기생 25명 중 15명이 의학전문대학원 시험 준비를 하고 있다는 것입니다. 그 아이들이 의전을 가려고 하는 이유는 경제적 이유가 가장 컸습니다. 아들 녀석에 따르면 친구들의 희망 연봉이 최소 1억 원인데 연구원 봉급으로는 만족을 못 한다는 것이었습니다.

제 아들은 경제적 이유도 있었지만, 연구원 생활의 고달픔 역시 중요한 이유였습니다. 학과 선배들이 주말도 없이 연구실에 파묻혀 사는 모습을 보고 그런 삶을 살고 싶지 않다는 생각이 들었다는 것입니다. 좋아하는 일을 하고는 싶지만 일의 노예가 되기는 싫다는 것이지요. 저녁이면 퇴근해서 가족들과 단란한 시간을 보내고 싶다는 소망도 이야기했습니다. 의사도 자기 시간이 없다고 했더니 친구들과 함께 병원을 세워 운영하면 교대로 쉬면서 일주일에 3~4일만 일하면 된다고까지 이야기하더군요.

그러면서 구체적으로 가톨릭대 의전을 수시시험으로 들어갈 계획까지 세워 놓았습니다. 가톨릭대가 카이스트 출신들에게 호의적이며 의전원시험에서 영어성적 비중이 40%를 차지한다는 이유에서였습니다. 나머지 60%가 학부 성적과 면접점수인데 토익이 거의 만점 가까이 나오고 학과성적도 상위 10% 안에 들기 때문에 면접시험만 조금 준비하면 합격할 것 같다고도 이야기했습니다. 우리 부부는, 아들 녀석의 이야기를 듣고 부모로서 조언을 아끼진 않았지만, 최종 결정은 본인의 몫으로 맡겨두었습니다.

그 뒤 3개월 정도를 고민하던 아들 녀석은 며칠 전 마침내 의전 진학을 단념하고 자신이 좋아하는 일을 계속하기로 했습니다. 우리 부부는 다소의 아쉬움이 없지는 않았지만, 그런 아들 녀석의 결정을 기꺼운 마음으로 존중하기로 했습니다. 저도 그렇지만 제 아내도 아들 녀석이 행복한 삶을 살아가기를 원합니다. 돈을 많이 번다고 해서 행복한 것은 아니며, 힘들더라도 자기가 좋아하는 일을 하면서 사는 것이 행복한 삶이라고 생각하는 아들 녀석의 판단이 옳다고 우리 부부는 믿습니다. 아무쪼록 아들 녀석이 자기가 좋아하는 일을 통해 자신의 행복을 찾으면서 국가와 사회발전에도 이바지하는 그런 사람으로 살아가길 간절히 소망해 봅니다.

(2013. 4. 5)

어느 해 여름 휴가

지난주에는 2박 3일의 일정으로 완도에서 짧은 여름휴가를 보냈습니다. 완도는 지금으로부터 10년 전에 제가 부군수로 재직했던 인연이 있는 곳입니다. 숙소는 고려대 교수로 있는 동생의 도움으로 신지 명사십리 해수욕장 인근의 고려대 청해진수련관에 예약해 두었습니다. 청해진수련관은 명사십리 해수욕장 바로 뒤편의 언덕 위 송림 속에 자리 잡고 있는데 제가 부군수로 있을 때 고려대로부터 투자를 이끌어내 건립된 시설이기도 합니다.

관리실에서 방을 배정받아 들어가 보니 원목이 깔린 바닥과

밖이 환히 내다보이는 커다란 통유리창에 테라스도 있는 멋진 방이었습니다. 유리창 밖의 파란 하늘에는 하얀 뭉게구름이 피어오르고, 명사십리 해수욕장의 울창한 송림과 그 너머의 푸른 바다는 한낮의 무더위마저 잊게 했습니다. 무엇보다 풀벌레들의 시원한 합창과 함께 들려오는 송뢰 소리(소나무 숲 사이를 스쳐 부는 바람이 내는 소리)와 파도 소리는 속세의 찌든 때를 다 씻어버리는 듯했습니다.

너무 무더운 탓에 2박 3일 내내 한낮에는 숙소에만 머물렀습니다. 시원한 에어컨 바람을 쐬며 온 가족이 나란히 누워 낮잠을 즐기다 보면 무릉도원이 따로 없습니다. 한 번은 옆에 누워 잠을 청하고 있는 아들 녀석에게 꿈이 무어냐고 물었습니다. 뜻밖에도 '즐겁고 행복하게 사는 것'이라는 대답이 돌아왔습니다. 통상 젊은이들에게 꿈에 관해 물으면 교수나 의사 등 직업적 희망을 말하는 것과 사뭇 다른 내답입니다. 아들 녀석에게 그 점을 지적했더니 졸리는 목소리로 직업이 꿈이 될 수는 없다고 합니다. 가만히 생각해 보니 녀석의 말이 맞는 것 같습니다. 우리가 궁극적으로 지향하는 것은 행복한 삶일 것입니다. 그렇다면 무엇이 되는 것은 행복한 삶을 살기 위한 수단일 뿐 그 자체가 목적이 될 수는 없는 일입니다.

날카로운 칼끝처럼 따갑던 햇볕이 자취를 감추는 아침과 저녁에는 온 가족이 명사십리 백사장에서 맨발의 산책을 즐겼습니다. 아들과 내가 앞서 걸어가면 아내와 딸아이가 그 발자국을 따라 걸어옵니다. 문득 기쁨도 슬픔도 함께하면서 같은 곳을 바라보며 걸어가는 것이 가족이라는 생각이 들었습니다.

파도는 끊임없이 밀려와 하얀 물거품으로 부서지며 물보라를 일으킵니다. 느릿느릿 다가오던 파도는 어느 순간 눈 깜짝할 사이에 쓰나미처럼 밀려와 백사장 위로 높이 솟구쳤다가 그대로 내리꽂힙니다. 그 엄청난 힘에 못 이겨 수억, 아니 수십억 개일지도 모를 모래알들이 백사장 위로 휩쓸려 올라갔다 휩쓸려 내려옵니다. 그 무수한 모래알이 구르는 소리가 멀리서 들으면 마치 모래가 우는 듯 '웅~' 하고 들리는데 그래서 명사십리(鳴沙十里)라는 말이 생겨난 듯합니다.

휴가의 즐거움 중에 먹는 즐거움도 빼놓을 수는 없겠지요. 무더위 때문에 돌아다니는 것은 자제했지만 그래도 때가 되면 별미집을 찾아 먹는 즐거움을 누렸습니다. 명사십리 바닷가 '소라횟집'의 생선회와 소라, 전복, 멍게도 맛있었지만 '섬이랑'이란 식당의 장어구이도 일품이었습니다. 특히 완도에 딱 한 군데 있다는, 간판도 없는 동고리 바닷가 식당의 성게 요리는 별미 중의 별미였습니다. 일식집에서 조금씩 맛만 보던 귀한 성게를 양껏 먹으니 행복감이 온몸에 퍼져 나갑니다. 한낮인데도 바다 안개 자욱한 다도해의 멋진 풍광을 바라보며 맛있는 요리를 먹고 있노라니 선경 속의 신선이 부럽지 않았습니다.

광주로 돌아오기 전날 저녁에는 명사십리 백사장에서 불꽃놀이를 즐겼습니다. 하늘로 솟아올라 밤하늘을 화려하게 수놓은 불꽃을 바라보며 가족의 행복과 건강을 기원했습니다. 폭죽을 미리 준비해 온 아내의 마음도 그러했겠지요. 그다지 특별할 것도 없는 불꽃놀이에 행복해하는 아내와 아이들의 모습을 보니 가슴이 먹먹해져 왔습니다. 행복은 멀리 있는 것이 아니라 우리의 삶 가까이에 존재한다는 사실을 새삼 느꼈습니다. 2박 3일의 짧은 일정에 아쉬움도 있지만 그래도 모처럼 가족들과 소중한 추억을 쌓을 수 있어서 행복했던 여름휴가였습니다.

(2013. 8. 11)

성묘 단상

추석 전날인 지난 18일, 두 동생과 함께 고향인 순천 용수동 천주교 묘지에 잠들어 계신 아버지의 산소에 다녀왔습니다. 당신의 두 손자, 저의 아들 준홍이와 막냇동생의 아들 현무도 동행했지요. 그리고 보니 손자 중에 홍찬이만 빠졌습니다. 제 바로 아래 동생의 아들인 홍찬이는 영국 셰필드대학 연구원으로 일하는 제 엄마와 함께 영국에 머무르고 있어 참석하지 못했습니다.

저희 집안은 대대로 독자로 내려온 참으로 손이 귀한 집안입니다. 할아버지 때 형제분이 계셨지만, 형님 되시는 큰할아버지께서는 슬하에 아들 하나만을 남겨두고 일찍 돌아가셨습니다. 큰할아버지의 아들, 그러니까 제 오촌 당숙은 일제 시절 돈을 벌기 위해 일본으로 건너가셨다가 역시 젊은 나이에 아들 하나만을 둔 채 세상을 떠나셨지요. 할아버지 역시 딸들은 여럿 두셨으나 아들은 저의 아버지 하나뿐이었습니다.

그런 까닭에 저희 형제는 친가쪽으로는 한국 땅에 팔촌 이내의 남자 친척이 단 한 사람도 없습니다. 유일한 친척이라고는 일본 이바라키대학의 교수로 계시는 육촌형님(일본에서 돌아가신 오촌 당숙의 아들) 한 분만이 있을 뿐입니다. 너무 외로운 가문에서 태어난 탓에 어렸을 때 명절날이면 친척들이 모여 시끌벅적한 이웃집들을 보며 얼마나 부러웠는지 모릅니다. 그런 외로움은 저희 형제보다 아버지나 할아버지께서 더 크게 느끼셨을지도 모르겠습니다. 그리고 보면 제 어머니는 김씨 집안으로 시집와 정말 큰일을 하신 셈입니다. 아들을 셋이나 낳으셨으니까요.

부모님께서 돌아가시는 것을 천붕(天崩)이라고 하는데 어머니로부터 아버지가 돌아가셨다는 전화를 받았던 그날의 기억이 지금도 생생합니다. 세상사, 인력으로 어찌할 수는 없는 일이지만 몇 년만 더 사시다 돌아가셨더라면 얼마나 좋았을까요?

그랬더라면 둘째 아들이 교수가 되는 모습도, 그리고 늘 당신의 걱정거리였던 막내아들이 제자리를 잡고 착실히 사는 모습도 다 보시고 가셨을 텐데요. 그런 아쉬움과 안타까움 속에 아버지의 묘소 앞에 잔을 붓고 절을 올렸습니다. 홍찬이가 빠지긴 했으나 아버지의 영혼이 계신다면 세 아들과 두 손자의 절을 받으시고 흐뭇하셨겠지요.

어머니 말씀으로는 아버지께서는 저희 삼 형제가 어렸을 적에 나란히 누워 자는 모습을 보고 매우 든든해하셨다고 합니다. 그러면서 "너희는 형제가 많아 어렵고 힘들 때 서로 돕고 의지할 수 있으니 참 좋겠다."라는 말씀을 자주 하시곤 하셨다고 합니다. 평생을 외롭게 사셨을 아버지! 살아계셨더라면 저희 삼 형제가 사회에서 나름대로 제 몫을 하며 살아가는 모습에 정말 기뻐하셨겠지요. 더욱이 당신의 손자들도 국가의 동량으로 무럭무럭 크고 있으니 가는 곳마다 아들 자랑, 손자 자랑에 입에 침이 마를 새가 없었겠지요.

이런저런 상념 속에 올 추석도 조용히 지나갔습니다. 제가 느끼는 아쉬움과 안타까움은 다른 형제들도 마찬가지였겠지요. 비록 이 세상에 안 계시지만 아버지께서는 하늘나라에서 당신의 핏줄들을 굽어살피고 계실 것입니다. 그리고 저희 삼 형제와 당신의 손자들에게 말 없는 응원을 보내고 계시겠지요. 그런 아버지께 내년 추석에는 더욱 밝고 기쁜 소식을 전해 드리고 싶습니다. 영국의 홍찬이도 함께할 수 있다면 더욱 기뻐하시겠지요.

(2013. 9. 21)

아내와의 쇼핑

제 아내는 목포가 고향으로 목포대 부속 초등학교를 졸업했습니다. 그런데 엊저녁, 졸업 후 첫 동창회가 목포에서 열리게 되었고 제 아내도 동창회 참석을 위해 장거리 외출을 하게 되었습니다. 점심 후 외출 채비를 다 마친 아내가 갑자기 백화점에 같이 가자고 하더군요. 시간적 여유가 좀 있으니 윈도우 쇼핑이나 하자는 것이었습니다. 많은 남자들이 제일 힘들어하는 게 여자들의 쇼핑에 동행하는 일이라고 합니다. 물론 저도 예외는 아닙니다. 그런 제가 흔쾌히 아내를 따라나선 것은 모처럼의 요청을 거절하기도 어려웠지만 제 나름의 생각이 있어서였습니다.

아내의 외출 복장이 너무 수수한 것 같아 옷이라도 한 벌 사주어야겠다는 생각이 들었기 때문입니다. 공무원의 아내로 살다 보니 검소와 절약이 몸에 밴 탓인지 이제는 여유를 가져도 되련만 지금도 제 아내는 무척 알뜰합니다. 제가 도(道)에서 국장으로 있을 당시 제 아내도 실·국장 부인들의 모임인 목련회에 자주 참석해야 했습니다. 그런데 그때도 아내는 TV 홈쇼핑에서 구매한 5~10만 원짜리 옷을 입고 모임에 나가곤 했습니다. 저도 겉치레에는 무관심한 탓에 그런 아내의 모습을 무심히 보고 지나쳤었는데 어제 처음으로 제대로 된 옷 한 벌 사주어야겠다는 생각이 들었습니다. 나이가 들어가니 철이 드는 모양입니다.

아무런 말을 안 하고 있다가 백화점에 도착해서야 옷 한 벌 사주겠노라는 이야기를 했습니다. 의아해하면서 저를 쳐다보던 아내가 "그럴까?" 하더니 여성복 판매장으로 향합니다. 종종걸음치는 아내의 뒤를 저는 어슬렁어슬렁 쫓아갑니다. 그런데 여성복 판매장의 이 코너 저 코너를 둘러보던 아내가 마음에 드는 옷이 없다면서 옷보다도 가방을 하나 사고 싶다고 했습니다. 그러면서 지금 들고 다니는 가방을 5만 원 주고 샀는데 아무래도 싸구려 티가 나는 것 같다고 이야기했습니다. 아내의 말에 저는 깜짝 놀랐습니다. 아내가 너무 알뜰하다는 생각과 함께 한 지붕

아래 살면서도 그것도 모르고 살아온 저의 무심함에 자책감도 들었습니다.

2층 가방 판매장의 이곳저곳을 기웃거리던 아내가 마침내 닥스(DAKS) 매장에서 마음에 든 가방을 발견했습니다. 그런데 종업원에게 가격을 물어보더니 다른 매장을 좀 더 둘러보고 오겠노라며 밖으로 나갑니다. 그러더니 1층으로 내려가는 에스컬레이터를 탑니다. 저는 영문도 모른 채 아내를 뒤따라가면서 마음 속으로는 1층에 있는 루이비통이나 페라가모 등 명품 판매장으로 가려나 보다 생각했습니다. 그런데 뜻밖에도 아내가 저를 끌고 간 곳은 1층 출입구에 있는 세일매장이었습니다. 백화점에 들어섰을 때 가방을 세일 중인 것을 눈여겨보았던 모양입니다.

거울 앞에서 이 가방 저 가방을 메보던 아내가 마침내 마음에 든 가방을 발견합니다. 그 가방을 사려던 아내가 조금 전 닥스 매장의 가방에 미련이 남는지 조금 망설입니다. 제가 눈치채고 "아까 닥스 매장에서 본 가방이 마음에 들면 그것을 사지 그래?" 했더니 "그러고 싶지만, 너무 비싸서…" 하고 말끝을 흐립니다. 모처럼 사주면서 아내가 마음에 드는 것을 사주고 싶어, 망설이는 아내를 끌고 다시 2층으로 올라갔습니다. 올라가며 넌지시 "이왕 사는 거, 루이비통을 사는 것이 어때?" 했더니 "그

나의 사랑 나의 힘   139

런 가방은 공직자 부인의 분수에 맞지 않아요. 닥스로도 충분해요." 하고 딱 잘라 말합니다.

목포로 내려가는 아내를 전송하고 집으로 돌아오면서 이솝우화의 '개미와 베짱이'가 생각났습니다. 지금까지 살아오면서 개미처럼 사는 것이 올바른 길이라고 생각했습니다. 그런데 다른 한편으로 생각하니 지금 이 순간은 한 번 흘러가 버리면 영원히 돌아오지 않는 시간입니다. 우리의 젊음도 영원하지 않습니다. 늙고 나면 제아무리 비싼 옷을 걸치고 명품 가방을 들고 다닌들 무슨 광채가 나겠습니까? 베짱이처럼 살아서도 안 되겠지만, 평생을 개미처럼 사는 것도 문제가 있는 것 같다는 생각이 들었습니다.

올겨울에는 어떻게 해서든지 시간을 내서 가족들과 함께 가까운 곳이라도 여행을 다녀올까 합니다. 늙고 힘없으면 억만금을 쌓아둔들 여행도 쉽지 않을 테니까요.

(2013. 10. 20)

조카 손녀 서은이

제게는 서은이라는 예쁜 이름의 조카 손녀가 있습니다. 2010년 5월에 태어난 서은이는 하루아침에 저를 할아버지로 만들어 버린 야속한 아이입니다. 서은이 엄마는 제 큰누나의 무남독녀 외동딸입니다. 큰누나가 일하는 엄마(워킹 맘)였기 때문에 서은이 엄마는 태어나자마자 외가인 저의 집에서 자라야 했습니다. 서은이 엄마가 태어났을 때 저는 대학생이었는데, 방학이면 고향 집에 내려가 서은이 엄마를 돌보는 일이 큰 즐거움이었습니다. 지금도 서은이 엄마의 기저귀를 갈아 주고 우유를 먹이던 기억이 바로 어제 일인 양 생생합니다. 그런데 그 아이가 어른이 되고 결혼을 해서 낳은 서은이가 무럭무럭 자라는 모습을 보니 세월의 흐름을 실감하게 됩니다.

　서은이는 제 엄마 아빠를 닮아 야무지고 똑똑한 아이입니다. 서은이 엄마는 서은이가 좀 더 예뻤으면 하는 욕심을 가진 듯하지만 저는 서은이가 예쁜 숙녀로 클 것이라고 확신합니다. 180cm인 아빠와 170cm인 엄마를 닮아 키 또한 늘씬하게 클 것입니다. 무엇보다 미남 미녀인 제 엄마 아빠의 피가 어디로 가겠습니까?

　서은이는 벌써 멋이 무엇인지 아는 아이입니다. 외출할 때도 옷과 핸드백, 그리고 신발의 색깔을 제대로 맞춘 후에야 집을 나섭니다. 제 엄마가 아침에 멋지게 차려입고 출근할 때면 "엄마! 옷 예쁘다. 나중에 나랑 같이 입자."라고 이야기를 해 우리를 놀라게 한 적도 있습니다.

　어느 날 저녁, 서은이가 저의 집에 놀러 왔을 때의 일입니다. 텔레비전을 보고 있는 서은이 옆에서 저는 스마트폰에 저장해 둔 저의 색소폰 연주곡을 듣고 있었습니다. 그런데 서은이가 자꾸 "이제 그만 들어! 그만 들어!" 하는 것이었습니다. 저는 그런 서은이의 말에 신경 쓰지 않은 채 저의 음악에 심취해 있었습니다. 그런데 서너 곡이 더 연주되고 패티김의 '초우' 연주가 흘러

나오고 있을 때 서은이가 갑자기 닭똥 같은 눈물을 뚝뚝 흘리면서 울기 시작했습니다. 제가 "서은아! 왜 울어?" 하고 물어도 아무런 대답 없이 서럽게 울기만 했습니다. 저는 처음에 서은이가 왜 우는지 영문을 몰라 당황했습니다. 그러다가 서은이가 그만 들으라고 했던 이야기가 생각나, 음악이 슬퍼서 우느냐 물었더니 고개를 끄덕이면서 더 서럽게 웁니다.

저는 그런 서은이가 귀여워 웃음이 났지만 한 가지 깨달음을 얻을 수 있었습니다. 제 색소폰 연주 실력은 아직 평범한 아마추어의 경지를 벗어나지 못하고 있습니다. 그런데도 서은이가 눈물을 흘린 것은 '초우'란 노래 자체가 워낙 애상적이기에 서은이의 감수성을 자극했기 때문일 것입니다. 하지만 상대가 어른이라면 어땠을까요? 제아무리 프로의 연주라 할지라도 세파에 찌든 어른들의 감성을 쉽게 움직이지는 못했을 것입니다.

우리 모두 태어날 때는 어린아이와 같은 순수한 영혼을 가지고 태어납니다. 세상살이에 시달리며 살아온 어른들에게서는 찾아볼 수 없는 맑고 깨끗한 감수성을 그대로 간직하고 있는 것입니다. 서은이를 보면 왜 예수님께서 세상 사람들에게 "어린아이와 같지 아니하면 천국에 들어가지 못한다." 말씀하셨는지 이해할 수 있을 것 같습니다.

나의 사랑 나의 힘

세월이 흘러 나이를 먹고 얼굴에 주름살이 생기는 것은 우리를 슬프게 합니다. 하지만 더 못 견디게 우리를 슬프게 하는 것은, 무디어질 대로 무디어진 우리의 감수성, 웬만해서든 감동할 줄 모르는 우리 어른들의 삶일지도 모릅니다.

(2014. 3. 30)

결혼기념일

　내일이면 제가 아내와 결혼한 지 23주년이 되는 날입니다. 마음은 아직 20대 청춘인데 벌써 23년이란 세월이 흘렀다니 믿기지 않습니다. 흔히 10년이면 강산도 변한다고 합니다. 그런데 그 강산이 두 번이나 바뀔 세월이 흘렀으니 사람 역시 변하지 않을 수 없습니다. 처녀 시절 눈부시게 고왔던 아내의 얼굴에도 세월의 흔적이 조금씩 묻어나고 흰 머리카락도 한 올 두 올 보이기 시작합니다. 문득 정용철 시인의 '아내의 흰머리'라는 시가 떠오릅니다.

아내의 흰머리

내 머리는 온통 하얘도
아무렇지 않더니
아내의 흰머리 몇 올에
왜 이렇게 가슴이 아픈지!

철모르던 시절
내가 준 아픔과 상처들이
흰머리로 하나씩 피어나는 것 같아 그런가?

 여자는 결혼하게 되면 세 개의 반지(ring)를 갖게 된다고 합니다. 약혼반지(Engagement ring)와 결혼반지(Wedding ring), 그리고 고난이란 반지(Suffering)입니다. 옥스퍼드 영한사전을 찾아보면 suffering은 'physical or mental pain(육체적 또는 정신적 고통)'을 뜻하는 추상명사로서 반지라는 뜻과는 아무런 관계가 없습니다. Suffering이 ring으로 끝나는 데서 착안한 일종의 우스개이지만 그 속엔 여성들이 꿈꾸는 결혼생활이 장밋빛 인생만이 아님을 함축하고 있습니다. 저의 아내 역시 저와 23년을 같이 살아왔지만 단 한순간도 suffering이란 고난의 반지를 벗어본 적이 없었을지도 모릅니다.

돌이켜 보면 결혼생활 23년 동안 저는 가정보다 직장 일에 전력투구해 왔습니다. 아이들의 양육과 교육은 오로지 아내의 몫이었고 아내가 힘들고 지쳐있을 때 곁에 있어 주지도 못했습니다. 가정의 소중함을 모르는 것은 아니었지만, 직장 일이 바쁘다는 핑계로 늘 허공에 부는 바람처럼 그렇게 살아왔습니다. 그런 남편 때문에 23년이란 세월을 외롭고 허허롭게 보냈을 아내에게 이제야 미안함을 느낍니다. 나이를 먹으니 철이 드는 것일까요? 언젠가 제가 아는 여성 한 분이 남자는 철이 들어도 아주 늦게 든다고 말한 적이 있는데 딱 저를 두고 한 이야기인 것 같습니다.

다음 주말에 광주에 내려가면 아내에게 뭔가 그럴듯한 선물을 하나 해줄까 합니다. 내일이 결혼기념일이기 때문에 선물의 타이밍이 적절치 않은 것은 사실입니다. 솔직히 말하자면 결혼기념일을 까맣게 잊고 있었는데 어제저녁 서울로 올라오는 고속버스 안에서 갑자기 생각이 나더군요. 좀 늦긴 했지만, 올해는 예년처럼 결혼기념일 자체를 아예 잊지는 않아서 얼마나 다행인지 모르겠습니다.

내년에는 미리 달력에다 빨간 사인펜으로 동그라미를 진하게 그려놓아야 할까 봅니다. 아, 그런데 우리나라 아내 중에는 왜

기념일 같은 것을 가지고 남편을 시험하는 분들이 있는지 모르겠습니다. 스쳐 지나가듯 살짝 귀띔 같은 거 해주면 얼마나 좋을까요?

(2014. 5. 25)

화수분 유산

토요일인 어제, 주말을 맞아 모처럼 집에 들른 아들 녀석의 얼굴을 볼 수 있었습니다. 아들 녀석이 대학에 들어간 후로는 서로가 바쁘다 보니 얼굴 보기가 정말 어려워졌습니다. 어제의 만남도 지난 6월 3일 대전으로 이사한 이후 거의 한 달만인 듯 합니다. 저녁 무렵 학교 기숙사에서 집으로 돌아온 아들 녀석은 저를 보고 "하이!"라는 인사와 함께 아빠를 한 번 안아주더니 그걸로 끝입니다. 모처럼 만난 아들과 정담을 나누고 싶은 아빠의 심정은 아랑곳하지 않고 책장에서 영어 소설책 한 권을 꺼내더니 곧바로 독서 삼매경에 빠져듭니다.

그런 아들 녀석이 서운하기도 했지만, 영어책을 읽고 있는 모습에 15년 전 영국 유학 시절의 추억이 떠올라 잠시 옛 생각에 잠겼습니다. 제가 영국으로 유학을 떠난 것은 2000년 7월 12일이었습니다. 그때 아들 녀석의 나이는 9살로, 방문 학습지인 '윤선생 영어'를 1년 가까이 공부한 덕분에 기본적인 영어 단어는 어느 정도 알고 있었습니다. 영국에 도착한 다음 날, 저는 아들을 앉혀놓고 이렇게 이야기했습니다.

"아들아! 아빠가 공무원이니 너에게 큰 재산을 물려줄 수는 없단다. 그 대신 영어를 유산으로 물려주마. 영어는 너에게 화수분처럼 평생을 써도 마르지 않는 소중한 재산이 될 거야."

어린 아들이 아빠의 말이 무슨 뜻인지 다 이해할 수는 없겠지만 크면서 그 의미를 알게 될 것으로 생각했습니다. 며칠 뒤 대학 수업교재를 사기 위해 세가 다니게 될 버밍엄대학 구내서점을 찾은 저는 혹시 아들 녀석이 읽을 만한 책이 없는지 살펴보았습니다. 그때 제 시선을 사로잡았던 책이 조앤 롤링이 쓴 해리포터 시리즈 제1권 『마법사의 돌(The Philosopher's Stone)』이었습니다. 책을 펼쳐 들고 첫 페이지를 읽어보니 어려운 단어들이 너무 많아 아들 녀석이 읽기 어렵겠다는 생각이 들었습니다. 하지만 언젠가는 아들 녀석이 그 책을 읽을 수 있는 날이 오리라는 희망으로 책을 사서 들고 집으로 돌아왔습니다. 그리고 아들 녀석의 책장에 그 책을 꽂아 두었습니다.

그로부터 6개월 정도 흐른 어느 날, 저는 아들 녀석이 거실 소파에 앉아 그 책을 읽고 있는 것을 발견하고 깜짝 놀랐습니다. 어려운 단어가 많은데 어떻게 그 책을 읽느냐고 물었더니, 별로 어렵지 않다는 대답이 돌아왔습니다. 도저히 믿기지 않아 아들 녀석과 좀 더 이야기를 나누는 과정에서 중요한 사실을 알게 되었습니다. 그것은 아들 녀석이 영어사전 없이 책을 읽는다는 사실이었습니다. 모르는 단어가 나와도 사전을 찾아보지 않고 문맥의 흐름으로 그 뜻을 추측하면서 읽는다고 했습니다. 우리가 어렸을 때 한글 동화를 국어사전을 찾아가며 읽지 않았듯이 아들 녀석도 영어 소설을 똑같은 방법으로 읽고 있었던 것입니다.

그날 이후로 주말이면 아들 녀석의 손을 잡고 버밍엄 시내로 나가 서점에서 아들 녀석이 읽을 책을 같이 고르는 것이 저의 중요한 일과가 되었습니다. 가장 자주 갔던 서점이 파빌리온 빌딩 2층 'Waterstone'이란 서점이었는데 아들 녀석이 기억이나 하고 있을지 모르겠습니다. 그때 샀던 책 중에는 Tintin이나 Asterix와 같은 만화 시리즈도 있고 Harry Potter와 Narnia 연대기 같은 소설 시리즈도 있었습니다. 새 책을 사줄 때마다 기쁨으로 빛나던 아들의 표정이 지금도 생생합니다. 사실은 그런 아들을 보면서 제가 오히려 더 행복했었지요.

　저의 집에는 그렇게 영국 유학 시절 저와 아들의 추억이 담긴 영어책들이 3백여 권 정도 있습니다. 지난달 대전으로 이사하기 위해 짐 정리를 할 때 이삿짐을 줄이기 위해 어쩔 수 없이 많은 책들을 버렸습니다. 하지만 아들과의 소중한 추억이 담긴 영어책만큼은 단 한 권도 버리지 않고 그대로 가지고 왔습니다. 그 책들은 제가 아들에게 물려준 평생 유산이기 때문에 버릴 수가 없었습니다. 요즘 저는 책장에 가지런히 꽂힌 영어책들을 보면서 하나의 바람을 새로 품게 되었습니다. 결혼해 자식을 낳은 아들 녀석이 초등학교 입학을 앞둔 손자에게 이렇게 말해 준다면 저로서는 그보다 더 큰 기쁨이 없을 것입니다.

　"아들아! 이 책들은 할아버지가 아빠에게 물려준 소중한 유산이란다. 이제 그 유산을 너에게 물려주마."

(2014. 7. 13)

형의 자격

저는 3남 2녀의 형제자매 중 장남입니다. 위로 두 분의 누님이 계시고 아래로는 세 살과 여섯 살 터울의 남동생 둘이 있습니다. 공직 생활의 대부분을 전남도청에서 보낸 저는 2012년 2월 서울로 직장을 옮겼지만 여러 가지 사정으로 가족들을 광주에 남겨둔 채 홀로 상경하였습니다. 그때부터 저는 서울 양재동의 한 아파트에서 고려대 교수인 바로 아래 동생과 동거생활을 시작하게 되었습니다. 동생도 영국에서 박사학위를 취득하고 귀국한 후 그동안 32평이나 되는 아파트에서 홀로 지내왔기 때문에 제가 동생과 함께 사는 데는 큰 문제가 없었습니다.

동생이 싱글은 아닙니다. 사랑하는 아내와 귀여운 아들이 하나 있습니다. 다만 이역만리 영국에서 살고 있을 뿐입니다. 그렇다고 해서 동생이 소위 기러기 아빠는 아닙니다. 제수가 영국에서 사는 이유는 직장이 영국에 있기 때문입니다. 영국 셰필드 대학에서 유전의학을 전공했던 제수는 2001년부터 계속해서 셰필드 대학의 연구원으로 일하고 있습니다. 공부가 취미였던 제수는 일에 대한 열정도 남달랐는데 동생은 그런 아내의 삶을 존중했기에 본인의 학위를 마치고 홀로 귀국했던 것입니다.

남자들만 살다 보면 청소와 빨래, 그리고 식사와 같은 극히 일상적인 일들이 큰 문제로 다가옵니다. 청소야 안 해도 그만이고 빨래는 세탁소에 맡기면 되지만 끼니를 해결하는 문제는 그리 만만한 일이 아닙니다. 저나 동생이나 주로 밖에서 시간을 보내기 때문에 점심이나 저녁은 자연스럽게 해결되지만, 문제는 아침입니다. 제가 주중총각(週中總角) 생활을 시작한 것은 전남도청이 광주에서 무안으로 이전한 2005년부터입니다. 저는 대학 시절부터 매일 아침 운동을 해 오고 있는데 그러다 보면 출근 시간에 쫓겨 아침을 거른 적이 많았습니다. 하지만 동생과 같이 살면서부터는 아직 아침을 거르고 출근한 적이 없습니다.

동생은 영국소설을 전공하는 영문학자입니다. 영·미의 SCI급

학술지에 여러 편의 논문이 실리기도 한 학문적 역량이 뛰어난 학자입니다. 동생은 학문적 연구가 아닌 다른 곳에 한눈을 파는 법이 없습니다. 아침이면 곧장 학교로 출근해 연구에 몰두하다가 밤 11시가 넘어야 집으로 돌아옵니다. 그런데도 아침 6시면 일어나 형을 위해 아침 식탁을 차립니다. 형이 아니면 좀 더 늦잠을 자도 되련만 그러면 형이 굶고 출근하리라는 것을 알기 때문에 일찍 일어나는 것입니다. 힘들 때는 아침 밥상을 차려 놓고 다시 침실로 들어가 자는 경우도 왕왕 있습니다.

정기국회가 열려 한창 바빴던 지난가을의 어느 날이었습니다. 그날도 어김없이 밤 11시가 넘어서야 동생은 집으로 돌아왔습니다. 저는 동생에게 내일은 국회 일정 때문에 새벽 일찍 출근해야 하니 아침에 일어나지 말고 푹 자라고 이야기했습니다. 그리고 그다음 날 새벽, 알람 소리에 깨어난 저는 화장실에 가기 위해 방문을 열었습니다. 그런데 방문 앞 식탁 위에 무엇인가가 놓여 있는 것이 눈에 띄었습니다. 자세히 보니 간단한 아침 식사가 차려져 있었습니다. 김밥 3개와 고구마 반 개, 우유 한 병과 요플레 하나가 쪽지와 함께 놓여 있었습니다. 쪽지를 보니 낯익은 동생의 글씨가 쓰여 있었습니다.

"흑미밥이라 바글거리고 딱딱하니 몸에 좋다고 생각하고 먹어!"

순간 김소운의 수필 '가난한 날의 행복'에 나오는 '왕후의 밥, 걸인의 찬'이란 글귀가 머리를 스치고 지나갔습니다. 동시에 형을 생각하는 동생의 따뜻한 마음에 형언하기 어려운 감동이 파도처럼 밀려왔습니다. 밤늦게 들어와 피곤했을 텐데 언제 이런 준비를 해 놓았는지 가슴이 먹먹해져 왔습니다. 동생이 차려준 김밥을 먹으며 형이란 존재에 대해 생각해 보았습니다. 돌이켜 보면 저는 형이라는 이유로 항상 동생에게 대접을 받아만 왔습니다. 그러나 나이만 많다고, 먼저 태어났다고 해서 형이 될 수는 없습니다. 자신의 안일보다는 늘 상대를 배려하고 양보하는 삶을 사는 동생이야말로 어쩌면 진정한 형의 자격이 있는지도 모르겠습니다.

(2015. 1. 4)

아내의 바람

토요일인 어제, 지인들과 모임이 있어 모처럼 광주를 다녀왔습니다. 오전에 사무실에 출근했다가 용산역에서 오후 2시 5분에 출발하는 KTX를 타고 광주로 내려가면서 바라다본 봄 풍경은 한 폭의 수채화를 보는 듯했습니다. 얼마 전까지만 해도 어두운 무채색이었던 산과 들에 푸른 생명의 빛이 감돌고 있었습니다. 취한 듯 어린 듯 차창을 스쳐 가는 풍경을 감상하다 보니 어느새 종착역인 광주송정역입니다. 3시간도 안 돼 광주에 도착하다니 세상 참 좋아졌습니다.

지인들과 반갑게 만나 이른 저녁을 먹으면서 세상 돌아가는 이야기를 나누고 있는데 딸아이한테 전화가 걸려 왔습니다.

"아빠, 언제 집에 올 거야?"

좀 있으니 이번엔 아들한테서 카톡이 날아옵니다. 학교 기숙사에서 집으로 가고 있다면서 집에 언제 올 것인지를 묻습니다. 딸아이가 전화하는 일은 가끔 있지만, 아들 녀석이 저에게 카톡을 보내는 일은 극히 드문 일입니다. 예기치 않은 아들의 카톡과 딸의 전화를 받고 보니 무엇인가 퍼뜩 짚이는 것이 있었습니다. 다음 날인 일요일에도 출근해야 했기 때문에 당초에는 모임이 끝나면 바로 서울로 올라가려고 했던 일정을 바꿔 대전 집에 들렀습니다.

집에 도착해보니 식탁 위에 놓인 생일 케이크가 저의 눈길을 끕니다. 미안함에 모르는 척 웬 케이크냐는 표정을 짓고 있는 저를 보고 아내가 이야기합니다.

"준홍이기 엄마 생일이라고 케이크 사 왔어요."

그러고 보니 다가오는 월요일이 음력 3월 5일로 아내의 생일입니다. 난 까맣게 잊고 있었는데 아들 녀석이 용케 기억했던 모양입니다. 바빠서 집에 올 시간이 없다던 녀석이 가족들이 모두 모인 주말에 엄마 생일파티를 하려고 시간을 내어 집에 온 것입니다. 멋쩍어하는 저를 보고 아내가 "준홍이는 아빠를 안 닮았나 봐." 하고 지나가듯 한마디 합니다.

미안한 마음에 아내에게 생일 선물로 받고 싶은 게 있으면 사 주겠다고 했더니 특별히 필요한 것이 없다고 합니다. 그래도 평소 갖고 싶었던 것이 있으면 이야기하라고 했더니 그냥 알아서 사달라고 합니다. 옆에서 엄마 아빠의 대화를 지켜보던 딸아이가 답답했는지 원하는 것이 있으면 이야기해보라고 거듭니다. 딸아이의 말에 마침내 아내가 원하는 선물을 이야기합니다. 그런데 그 말이 날카로운 비수처럼 날아와 제 가슴에 꽂힙니다.
"아빠 마음!"

아내의 말에 한 가지 일이 제 머리를 스치고 지나갔습니다. 두 달 전쯤 아내와 딸아이와 함께 대전 근교에 있는 장태산 휴양림에 놀러 간 적이 있었습니다. 산책로를 따라 거닐다가 풍광 좋은 곳에서 사진을 찍게 되었습니다. 아내와 먼저 단둘이 사진을 찍고 나서 딸아이와 사진을 찍었습니다. 그런데 아내와 찍을 때와는 달리 딸아이와 사진을 찍을 때는 제가 딸아이의 어깨를 감싸 안고 있었나 봅니다. 사진을 찍어주던 아내가 그 모습을 보더니 질투가 난다면서 자기도 딸아이와 같은 모습으로 사진을 찍겠다고 해서 다시 사진을 찍은 적이 있었습니다.

아내가 1965년생이니 이제 우리 나이로 52세입니다. 일찍 결혼했다면 벌써 할머니가 되어 손자를 볼 나이입니다. 항간에 여자들은 아무리 나이를 먹고 할머니가 되어도 여자이기를 포기하지 않는다고 하던데 제 아내도 그런 것 같습니다. 아내가 저에게 원하는 것은 밍크코트나 명품 가방 같은 비싼 선물이 아닙니다. 오직 남편의 사랑입니다. 두 아이의 엄마가 아니라 한 남자의 여인으로서 사랑받기를 원하는 것입니다. 그런 아내의 마음을 이제야 읽은 나는 참으로 못난 남편입니다. 무심히 살아온 지난 세월에 대한 회한이 불현듯 밀려드는 오늘 밤입니다.

(2016. 4. 10)

풍수지탄 風樹之嘆

어느 날 가족 카톡방에서 저와 아내, 그리고 대학원 석사과정 2년 차인 아들 녀석 사이에 있었던 일입니다. 저녁 9시 무렵 카톡방을 열어봤더니 아내가 아들 녀석과 문자를 주고받고 있었습니다. 대화 내용을 살펴보니 아들이 학회 참석차 어디론가 이동 중인 듯했습니다. 저도 아내와 아들의 대화에 슬며시 끼어들었습니다.

아내) 학회 가고 있니? 잘 다녀오렴.
나) 아들! 어디 가는데?
아들) 강원도.

나) 학회가 강원랜드에서 열리니?
아들) …….

평소에도 아빠가 보낸 톡을 종종 무시하곤 하는 아들 녀석이 이번에도 역시 아무 대답이 없습니다. 그런 아들 녀석을 향해 제가 다시 톡을 날립니다.

나) 아들아, 응답하라. 오버!
아들) …….

묵묵부답인 녀석에게 몇 차례 더 톡을 날렸지만, 여전히 답이 없습니다. 바빠서 답할 시간이 없는지, 귀찮아서 일부러 못 본 체하는지 알 수 없는 일입니다. 무심한 아들 녀석을 야속해하며 잠자리에 들었습니다. 다음 날 아침 출근길 지하철에서 다시 톡을 날렸습니다.

나) 아들아! 왜 소식이 없니? 응답하라, 오버!
아들) 곧 발표.
나) 우리 아들, 파이팅!
아들) …….

또다시 아무런 대답이 없던 아들 녀석이 오전 10시쯤 가족 카톡방에 소식을 올렸습니다. 그런데 단 한 글자입니다.

아들) 끝.
나) 수고했다. 발표 주제가 뭐였니?
아들) 인공위성.

제 엄마에게는 곰살맞게 구는 아들 녀석이 왜 저에게는 성의가 없고 대답도 인색한지 모르겠습니다. 가정은 등한시한 채 밖으로만 도는 아빠와 자식을 위해 모든 것을 헌신해 온 엄마가 같을 수는 없겠지만 조금은 서운한 것도 사실입니다. 그런데 생각해 보니 제가 그런 아들 녀석을 나무라거나 서운해할 자격이 없다는 생각이 들었습니다. 돌이켜보면 저 역시도 지금은 고인이 되신 제 아버지에 대해서 무심하고 무뚝뚝한 아들이었기 때문입니다.

아버지가 돌아가시고 얼마 지나지 않은 어느 날이었습니다. 느닷없이 어머니가 아버지가 생전에 언젠가 한 번 하신 말씀이라면서 지나가듯 한마디 하셨습니다.
"동현이가 오면 같이 앉아 이런저런 이야기를 하고 싶은데 항상 TV 아니면 책이나 보면서 뭘 물어도 건성으로 대답하니 서

나의 사랑 나의 힘 163

운하다."

항상 어렵고 근엄한 존재로만 생각했던 아버지가 아들과의 대화를 목말라하셨다는 사실을 저는 꿈에도 몰랐었습니다.

중국의 주자는 열 가지 모든 일에는 항상 때가 있고, 때를 놓치면 뉘우쳐도 소용없다는 '주자십회(朱子十悔)'를 남겨 후세를 경계했습니다. 주자십회의 첫 번째가 바로 '불효부모사후회(不孝父母死後悔) : 부모에게 효도하지 않으면 돌아가신 뒤에 후회한다.'입니다. 저 역시 그때까지 풍수지탄(風樹之嘆)의 의미를 머리로만 이해했을 뿐 아버지가 돌아가신 후에야 가슴으로 깨달았으니 늦어도 너무 늦었던 것입니다. 어버이날을 맞아 죄스러운 마음으로 구오자(丘吾子)의 슬픈 노래를 조용히 읊조려 봅니다.

> 나무는 고요하고자 하나 바람이 그치지 않고
> 자식은 봉양하고자 하나 부모님께서
> 기다려주시지 않네.
> 한번 흘러가면 다시는 쫓을 수 없는 것이 세월이요
> 떠나가시면 다시 볼 수 없는 것이 어버이시라.[6]

(2016. 5. 8)

---

6) 수욕정이풍부지(樹欲靜而風不止)
　 자욕양이친부대(子欲養而親不待)
　 왕이불가추자년야(往而不可追者年也)
　 거이불견자친야(去而不見者親也)

사랑의 찬가 Hymne A L'amour

오늘은 짧은 홍콩 일정을 마무리하고 귀국하는 날입니다. 홍콩 도착 후 계속 밤늦게 돌아다닌 피곤이 쌓인 탓인지 식구들 모두 아침 9시까지 늦잠을 잤습니다. 12시까지 호텔 체크아웃을 해야 해서 일어나자마자 대충 짐을 꾸린 후 아침 식사를 하기 위해 호텔을 나섰습니다. 목적지는 홍콩 첨동(尖東)지구에 있는 레스토랑 'Passion'으로 호텔에서 지하철로 20분 거리입니다. 식당을 추천한 아들의 설명으로는 인터넷상에서 홍콩 관광객들 사이에 커피 맛이 훌륭한 레스토랑으로 제법 입소문이 난 곳이라고 합니다.

늦잠을 잔 데다, 짐을 미리 꾸리다 보니 출발이 늦어져 10시 20분경에 레스토랑에 도착했습니다. 문을 열고 들어서니 15평쯤 돼 보이는 아담한 공간에서 관광객으로 보이는 10여 명의 사람이 샌드위치에 커피를 곁들여 브런치를 즐기고 있었습니다. 길거리가 환히 보이는 창가에 자리를 잡은 후 우리 가족 역시 샌드위치와 커피, 그리고 간단한 디저트를 주문했습니다. 음식이 나오기를 기다리면서 레스토랑 내부를 둘러보았습니다. 벽에 걸린 액자가 눈에 띕니다. 자세히 보니 레스토랑 이름인 'Passion'에 대해 설명해 놓은 액자입니다.

"Passion is a strong barely controllable emotion moved by or to be moved by love. Passion is no ordinary word(열정은 사랑으로 움직이거나 움직이게 되는, 강하고 제어하기 어려운 감정이다. 열정은 평범한 단어가 아니다)."

액자의 글을 음미하고 있는데 프랑스의 유명한 샹송 가수 에디트 피아프(Edith Piaf)가 부르는 '사랑의 찬가'가 잔잔히 흘러나옵니다. 노래를 듣고 있던 아내가 아이들에게 노래에 얽힌 사연을 이야기합니다. '사랑의 찬가'는 피아프가 세상을 떠난 연인 마르셀 세르당에게 바치는 노래라고 했습니다. 1949년, 전 세계 미들급 챔피언이었던 마르셀 세르당은 뉴욕에서 공연 중인 연인 피아프를 만나러 가다가 비행기 추락사고로 사망합니다. 갑작스러운 비보를 접하고 슬픔에 잠긴 피아프가 연인을 기리며 만든 노래가 바로 '사랑의 찬가'로 직접 가사를 썼다고 합니다.

"하늘이 무너져 내리고 대지가 허물어진다 해도, 당신이 날 사랑해 주신다면 두려울 것 없어요… 조국도 버리고 친구도 버리겠어요. 당신이 원하신다면…"

노랫말을 반추하다 보니 추모곡임에도 애절하고 비통하기보다는 주체할 수 없는 사랑의 열정(passion)이 넘쳐흐릅니다. 비극적 사건을 대하는 동양과 서양의 문화적 차이가 노래에서도 엿보입니다. 그러고 보니 '열정'이라는 이름의 레스토랑 'Passion'에 '사랑의 찬가'보다 더 어울리는 노래를 찾기는 어려울 듯합니다. 레스토랑 주인이 '사랑의 찬가'를 좋아하는 사람이라면 어쩌면 피아프의 노래에서 영감을 받아 식당 이름을 그렇게 지었을지도 모른다는 생각이 들었습니다.

아내와 아이들과 즐겁게 대화하다 보니 벌써 11시 20분입니다. 12시 이전에 체크아웃하려면 꾸물거릴 시간적 여유가 없습니다. 서둘러서 레스토랑을 나왔지만 무언가 알 수 없는 아쉬움에 가던 발걸음을 잠시 멈추고 뒤를 돌아다봅니다. 뜻하지 않았던 레스토랑 'Passion'의 '사랑의 찬가!' 그 노래의 여운이 길고 긴 그림자를 저의 등 뒤에 드리우고 있었습니다.

어머니(1)

며칠 전 한 지인이 카카오 스토리에 설에 관한 글을 올렸는데 그중에 설빔에 관한 이야기가 있었습니다. 어렵게 생활했던 어린 시절을 회고하면서 새 옷은 설과 같은 특별한 날에나 사 입을 수 있었다는 것입니다. 그 글을 읽으면서 저의 어린 시절을 돌이켜보니 저에게는 설빔에 관한 기억 자체가 없다는 사실을 깨달았습니다. 설빔이 문제가 아니라 새 옷을 사 입었던 기억 자체가 없습니다. 옷에 관한 추억이라고는 어머니께서 손수 털실로 짜 준 스웨터와 일본에서 고물상을 하셨던 오촌 당숙모가 한국에 나오실 때 가져다준 헌 옷에 관한 기억이 전부입니다.

아니, 한 가지 특별한 추억이 있긴 합니다. 제가 초등학교 5학년 시절의 이야기입니다. 어느 여름날 오후, 동네에서 아이들과 축구를 하다가 땀이 많이 흐르자 웃옷을 벗어 담에 걸어 두었습니다. 그러다 저녁이 되자 옷을 벗어 둔 것을 깜박 잊고 집으로 돌아갔습니다. 다음 날 아침 학교에 갈 때가 돼서야 옷을 두고 온 것이 생각이 났습니다. 급히 옷을 걸어 둔 곳으로 가보았지만, 옷은 이미 흔적도 없이 사라지고 없었습니다. 단벌 신사인지라 할 수 없이 러닝셔츠만 입고 등교를 했습니다. 선생님께서 왜 옷을 안 입고 왔느냐고 물어 더워서 벗어 놓고 왔다고 얼버무렸는데 얼굴이 화끈거렸습니다.

그런데 그날 오후, 집에 돌아와 보니 잃어버렸던 옷이 집에 얌전히 놓여 있었습니다. 제가 학교에 간 사이 어머니께서는 길을 따라 이 가게 저 가게에 들러 혹시 어제 남자아이 옷을 들고 간 사람을 본 적이 있는지를 물으셨다고 합니다. 그렇게 묻고 물은 끝에 다행히 한 가게의 주인이 자기가 아는 장사꾼이 옷을 들고 가는 것을 봤다면서 사는 곳까지 친절히 알려주었다고 합니다. 그 가게 주인의 도움으로 어머니는 장천동에서 멀리 떨어진 풍덕동까지 가셔서 제 옷을 찾아오셨습니다. 그때 어린 마음에도 '우리 엄마, 참으로 대단하시다.'라고 느꼈습니다.

할아버지 때부터 가세가 서서히 기울기 시작한 데다 아버지가 서른 넘어 늦게 직장생활을 시작하시는 바람에 어렸을 때 저의 집안 형편은 무척 어려웠습니다. 저의 어머니는 광양 분인데 대부분의 광양 사람들이 그렇다고 하듯이 정말 생활력이 강한 분입니다. 가끔은 지나치실 때도 있었습니다. 중학교 시절, 기술시간에 책꽂이 만드는 실습이 있어 널빤지를 사야만 했습니다. 그런데 책꽂이가 이미 있다는 이유로 끝까지 널빤지 살 돈을 안 주시는 바람에 수업 시간에 다른 친구들의 실습 모습을 우두커니 지켜보기만 했던 적도 있었습니다.

제 나이 때의 많은 사람이 그랬겠지만 돌이켜보면 참으로 춥고 배고팠던 시절이었습니다. 늘 검정 고무신만 신고 다니다가 운동화를 처음 신어본 것은 초등학교 5학년 때였습니다. 우유는 꿈도 꾸기 어려웠고, 라면 먹기도 어려웠던 시절이었습니다. 라면은 중학교 때 처음 먹었는데 아래재를 신축하면서 어머니가 일꾼들에게 새참으로 주고 남은 것을 먹은 것이 처음이었습니다. 콜라를 처음 먹어본 것이 고등학교 때였고, 짜장면은 재수 시절 대학 입학 체력장을 치르던 날 큰매형이 사주셨던 것이 처음이었습니다.

그처럼 어려웠던 집안을 다시 일으킨 것은 순전히 어머니의 힘이라고 생각합니다. 초등학교도 제대로 못 나오셨지만, 대학을 나오신 아버지보다 삶의 지혜는 훨씬 뛰어나셨습니다. 지금의 제가 그렇듯이 아버지께서도 월급을 받아 어머니에게 던져주고는 집안 살림은 나 몰라라 하셨습니다. 허리띠 졸라매 가며 아버지께서 가져다주신 박봉으로 저축하고, 그 돈이 모이면 논과 밭을 사시는 등 억척같이 일하시면서 기울어진 가세를 서서히 다시 일으키셨습니다.

먹고살 만해진 지금에도 어머니의 삶은 예전과 조금도 달라지신 것이 없습니다. 올겨울처럼 추운 겨울에도 연료비를 아끼시려고 당신이 주무시는 방에만 난방을 하시는 바람에 거실에 나서면 시베리아가 따로 없습니다. 걸음걸이가 불편해 택시를 타고 다니시라고 해도 여전히 시내버스만을 고집하십니다. 이제는 돈을 좀 쓰고 사시라고 아무리 이야기해도 평생 돈을 모으실 줄만 알았지 제대로 써 보신 적이 없는 탓으로 인제 와서 생활 습관을 바꾸기는 어려운 일인 것 같습니다. 어머니의 한평생을 생각하면 참으로 안타깝고 가슴이 먹먹해집니다. 아무쪼록 어머니께서 자식 손주들 효도받으시면서 건강하게 오래오래 사시기만을 바랄 뿐입니다.

(2018. 2.15)

아버지

지난 주말 고향 집을 찾았을 때 거실에 군자란 향기가 진동했습니다. 고향 집 거실에는 세 분(盆)의 군자란 화분이 놓여 있습니다. 11년 전 돌아가신 아버지께서 남기신 유품입니다. 아버지가 돌아가시고 삼우제를 지내던 날, 군자란 화분에 꽃이 활짝 피어 유족들의 마음이 더욱 쓸쓸했던 기억이 납니다.

군자란 화분들은 꽤 크고 무거워 구순이 다 되신 어머니가 관리하시기 쉽지 않습니다. 그럼에도 어머니는 아버지 영혼을 대하듯 지금까지 군자란을 애지중지 돌보셨습니다. 아버지는 꽃과 나무를 무척 사랑하셨습니다. 1985년 낡은 한옥을 허물고 2

층 양옥을 신축하실 때 안마당에 근사한 정원을 만드신 것으로 모자라 대로변에 접한 주택 벽면을 일부러 들여쌓기 하여 생긴 공간에 꽃과 나무를 심으실 정도였습니다.

아버지는 1931년생으로 순천시 별량면의 조용한 바닷가 시골 마을에서 5남매의 막내로 태어나셨습니다. 위로 형님 두 분이 계셨지만 어려서 다 돌아가시고 네 분의 누님들과 함께 자라셨습니다. 손이 귀한 집안의 독자라 그랬는지 당시로는 보기 드물게 대학까지 보낼 정도로 아버지에 대한 할아버지의 기대는 컸습니다. 아버지는 순천대학교의 전신인 순천농업학교에 다니실 때 열여덟 살의 어머니를 만나 결혼하셨습니다. 옛날 분들이 다 그렇듯이 두 분 역시 서로의 얼굴을 보지 못한 채 부모님의 뜻에 따라 결혼하셨다고 합니다.

두 분의 신혼생활과 관련하여 아버지께서 들려주신 재미있는 일화가 있습니다. 결혼은 했지만, 아버지의 눈에 신부 얼굴이 그다지 예쁘지 않았나 봅니다. 부아가 난 아버지는 학교에 갔다 오시면 책가방을 마루에 내팽개치고 밖으로만 도셨다고 합니다. 그러던 어느 날 초등학교 스승님 댁에 놀러 갔다가 사모님을 뵈었는데 우리 어머니보다 더 못생긴 것을 보고 마음을 고쳐먹으셨다고 합니다.

"아! 우리 스승님도 저런 분과 살고 계시는데 나는 스승님에 비하면 행복하구나."

그 이후로 아버지께서는 평생 어머니를 아끼고 존중하는 삶을 사셨던 것은 두말할 나위가 없습니다.

아버지는 평생을 평교사로 봉직하셨습니다. 교감이나 교장 승진 욕심이 없으신 것은 아니었습니다. 그러나 그러려면 가족과 떨어져 섬에 들어가 승진 가점을 쌓아야 했습니다. 아버지는 승진보다 가족의 삶을 더 중시하신 까닭에 승진을 포기하셨던 것입니다. 아버지는 별량 송산초, 승남중, 벌교상고, 광양농고, 순천여고를 거쳐 2007년 순천공고에서 정년퇴직하셨습니다.

아버지는 천성이 다정다감하고 사랑이 넘치시는 분이었습니다. 길을 가시다가 어린아이를 보면 그냥 지나치지 못하고 일부러 다가가 머리를 쓰다듬곤 하셨습니다. 세사를 역시 진심으로 사랑하고 아끼셨습니다. 사회생활을 하다 우연히 아버지 제자들을 만날 때가 있습니다. 그분들이 아버지에 대해 마음에서 우러나오는 존경심을 보일 때마다 아버지가 남기고 가신 그늘이 얼마나 크고 넓은지 실감하곤 합니다.

아버지는 부모에 대한 효성 역시 지극하셨습니다. 부모님 말씀을 거역하시는 법이 없으셨고, 언성을 높이는 것은 상상도 못할 일이었으며, 퇴근하실 때마다 부모님 간식을 사 들고 오신 효자였습니다. 중풍을 앓아누우신 할아버지의 대소변은 어머니가 받아냈지만 씻기는 것은 아버지의 몫이었습니다. 실내 화장실이 없던 시절이었습니다. 퇴근 후 할아버지를 안고 우물가로 모시고 가서 씻기는 생활이 할아버지가 돌아가시기 전 몇 년 동안 계속되었습니다. 아버지는 할아버지의 임종을 못 보신 것을 평생 안타까워하셨습니다. 할아버지가 돌아가시던 날, 부모님께 드릴 붕어빵을 손에 들고 오시던 아버지가 할아버지 임종 소식에 망연자실하던 모습이 지금도 눈에 선하다고 큰누나는 이야기합니다.

아버지에게 어머니는 아내이자 동지이며 친구 같은 분이었습니다. 다정다감한 아버지에 비해 어머니는 무뚝뚝하고 자식들에게조차 애정표현이 없는 분이었습니다. 작은누나는 아버지가 아내라기보다는 누님 같은 분하고 평생을 사셨다고 이야기합니다. 아버지는 반찬 투정은 없으셨지만, 입이 짧으셨고 멋 내기를 좋아하는 분이셨습니다. 하지만 어머니에게 맛있는 반찬은 사치였고, 멋은 무가치한 것이었습니다. 지금도 누님들은 어머니가 돈 모을 생각만 했지 아버지를 위해 맛있는 반찬을 장만하거나 옷 한 벌 제대로 사주신 적이 없다고 대놓고 흉보곤 합니다. 그래도 고등학교 졸업 후 바로 직장생활을 시작한 큰누나가 아버지에게 좋은 옷, 맛있는 빵을 종종 사드렸으니 큰 효도를 한 셈입니다.

아버지는 가정적인 분으로 자식들을 무척 사랑했습니다. 공부보다는 자식들의 건강을 더 중시하셨습니다. 저는 어렸을 때부터 안경을 써야 할 정도로 시력이 좋지 않았기 때문에 아버지의 걱정이 컸습니다. 밤늦게 책상에 앉아 있으면 일찍 자고 아침에 일어나 공부하라는 말씀이 지금도 귀에 생생합니다. 집안일은 여자들의 일이라는 생각이 당연시되었던 시절이었지만 집안 청소는 항상 아버지의 몫이었습니다. 아들이나 딸들에게 청소를 시킬 수도 있으련만 그 시간에 공부하라고 하시면서 항상 당신이 직접 청소를 하셨습니다. 큰누나의 말에 따르면 우리 집에 자주 놀러 왔던 누나 친구들의 기억 속 아버지는 항상 머리에 수건을 뒤집어쓰고 집안 청소를 하는 모습으로 남아 있다고 합니다.

아버지는 법 없이도 사실 수 있을 정도로 선한 분이었습니다. 1980년대 후반의 일입니다. 저희 집 바로 옆에 '로열 플라자' 신축이 시작되었습니다. 그런데 지하 터파기 공사를 하면서 공사장 근처 주택들의 담이나 벽에 금이 가는 일이 벌어졌습니다.

저희 집도 예외는 아니었습니다. 주민들이 강력히 항의하자 당시 시공사 측에서 주택 피해에 대해 보상을 해주었다고 하는데 아버지는 단 한 푼의 보상도 요구하지 않으셨습니다.

어머니는 아버지가 너무 선한 까닭에 항상 손해만 입고 사셨다고 못마땅해하시면서도 그래도 아버지 공덕 덕분에 너희가 지금 무탈하게 사는 것이라는 이야기를 자주 하시곤 합니다. "악한 끝은 없어도 선한 끝은 있다."는 옛 속담이 헛된 말만은 아닐 것입니다. 사후에 지옥과 천당이 있다면 아버지께서는 반드시 천당에서 계시리라 믿습니다. 그리고 어머니와 저희 5남매가 건강하고 행복하게 살아가길 기도하고 계시겠지요.

(2018. 3. 6)

조카의 영전

작은누나의 아들이 오늘 날짜로 대검찰청 운영지원과로 발령받았습니다. 대검찰청 운영지원과는 검찰총장을 보좌하여 검사들과 일반직 간부들의 승진, 전보에 관한 사항을 다루는 중요 부서입니다. 저의 작은누나는 슬하에 두 남매를 두고 있습니다. 두 아이 모두 검찰직 9급 시험에 합격하여 딸인 작은조카도 서울 동부지검에서 근무하고 있는 검찰 가족입니다.

작은누나는 삶이 순탄치 못해 일찍부터 홀몸으로 어렵게 두 아이를 키웠습니다. 평범한 전업주부였던 작은누나가 남편으로부터 물려받은 것이라고는 빚밖에 없어 가난에 찌든 신산(辛

酸)한 삶을 살아야 했습니다. 그렇지만 두 아이의 양육을 위해서는 투자를 아끼지 않아 친정엄마인 제 어머니로부터 "살 궁리는 안 하고 요량 없이 돈을 쓴다."는 우려 섞인 핀잔을 듣곤 했습니다. 하지만 고진감래라는 말처럼 두 아이 모두 착실하게 성장하여 좋은 직장을 잡고 결혼도 하여 행복한 삶을 살고 있으니 그간의 고생이 헛되지는 않은 셈입니다.

이번에 대검찰청으로 발령받은 큰조카는 올해 서른여섯 살인데 검찰에 입문한 후 인천지검, 서울 중앙지검 등에서 근무했습니다. 상사들의 신망이 두터워 150여 명의 동기생 중에서 가장 먼저 7급으로 승진한 선두주자입니다. 동기생은 물론이고 선배들의 질시와 견제도 적지 않은 것 같지만, 워낙 사람이 성실하고 주변에 대한 배려심도 뛰어나 직장생활을 슬기롭게 잘하고 있는 듯합니다.

작은조카의 이야기에 따르면 큰조카는 직장에서 '천사 계장'으로 소문났다고 합니다. 큰조카가 인천지검에 근무할 때의 일입니다. 어느 날 작은조카가 인천지검의 동기생 전화를 받았는데 ○○○가 친오빠냐 물어 그렇다고 했더니 오빠가 '천사 계장'으로 유명하다고 하더랍니다. 후배들이 잘 모르는 것을 물어보면 어찌나 친절하게 설명해주는지 모든 후배의 존경과 사랑을 받는다고 해 가슴이 뿌듯했다고 합니다.

　가끔은 큰조카아이가 융통성이 부족해 직장생활이 힘들지 않을까 걱정한 적도 있었습니다. 제 조카가 처음 공직에 입문해 민원실에 근무했을 때의 일입니다. 나이 칠십이 가까운 민원인 한 분과 업무상 자주 보게 되었는데 하루는 그분이 밖에서 차나 한잔하자고 해서 커피숍에서 만났습니다. 이런저런 이야기를 하다가 그분이 그동안 아주 친절하게 도와줘서 고맙다고 하면서 갑자기 돈이 담긴 봉투를 내밀었다고 합니다. 조카의 정중한 거절에도 몇 번이고 권하시더니 나중에는 돈이 적어서 안 받는 것이냐고 하면서 나이 든 사람의 순수한 성의를 너무 무시한다고 화를 내시더랍니다. 보통의 공무원들은 그 단계까지 가면 어쩔 수 없이 돈 봉투를 받을 수도 있지만 제 조카는 끝까지 받지 않았다고 합니다.

　민원실을 떠나 수사관으로 일하면서도 사건 처리와 관련해 많은 유혹이 있었지만 단 한 번도 초심을 잃은 적이 없었습니다. 한 번은 출처가 확실치 않은 돈 봉투를 상사로부터 받은 적이 있었습니다. 어떻게 해야 할지 고민하던 조카는 공무원으로서 초심을 잃지 않게 도와달라는 내용의 간곡한 편지를 써서 돈 봉투와 함께 그 상사의 서랍 안에 넣어두었다고 합니다. 다행히 그

상사도 조카의 뜻을 이해하고 오히려 더욱 신뢰했다고 하니 그런 조카가 대견하기만 합니다.

하지만 오랜 세월 공직에 몸을 담았던 저로서는 가슴 한편에 걱정도 많았습니다. 공직자로서 바르고 깨끗한 길을 가려고 하는 사람들이 오히려 조직에서 따돌림을 받고 배척당하는 경우를 너무 많이 봐왔기 때문입니다. 조카 역시 강직하고 곧은 성격 때문에 그러지 않을까 마음속으로 걱정을 많이 했는데 이번에 대검찰청으로 발령 난 것을 보고, 제 걱정은 기우(杞憂)였음을 깨달았습니다. 검찰 출신의 지인에 따르면 대검찰청 운영지원과는 소위 '빽'이 든든한 사람들도 가기 어려운 부서라고 합니다. 검사들과 마찬가지로 일반직 검찰 공무원들도 주특기에 따라 인사통, 특수통, 공안통, 강력통 등으로 나뉘는데 그중에서 인사통이 가장 승진이 빠르다는 것입니다. 그러면서 대검 운영지원과로 발령 난 것은 인사라인의 이너서클(inner circle)에 들어간다는 것이니 앞으로 자기관리만 잘하면 승승장구할 것이라면서 축하의 인사를 건네 왔습니다.

제가 30년이 넘는 공직 생활을 하면서 터득한 진리 중 하나는 상사도 좋은 부하를 만나야 하지만 부하도 좋은 상사를 만나야 한다는 것입니다. 배경이 든든한 사람들도 가기 어렵다는 부서에 제 조카가 발령받게 된 것은 좋은 세평(世評)도 세평이지만 그동안 같이 근무했던 상사들의 강력한 추천이 있었기 때문입니다. 그런 점에서 제 조카아이는 행운아입니다. 공직자로서 바른길을 걷고자 하는 진심을 이해하고 격려해주는 상사들을 만난 것은 하느님께서 내려주신 큰 복이 아닐 수 없습니다. 7급 공무원 한 사람의 인사를 가지고 그 인사에서 우리 검찰의 변화, 대한민국의 밝은 미래를 본다고 하면 지나친 과장일지 모릅니다. 그렇지만 대한민국의 수많은 젊은 공무원들에게 제 조카아이의 작은 사례가 큰 희망이 되기를 바라는 마음 간절합니다.

(2018. 7. 23)

소부론 小富論

　명심보감에 "대부유천 소부유근(大富由天 小富由勤)"이라는 글귀가 있습니다. "큰 부자는 하늘이 내고 작은 부자는 근면함에 달려있다."라는 뜻입니다. 저희 집안의 가세가 기울었다가 다시 일어서는 과정을 살펴보면 명심보감의 말이 틀리지 않음을 느낍니다. 어머님의 말씀으로는 시집오셨을 때 저희 집안은 수십 마지기의 전답을 보유하고 있었다고 합니다. 어머니가 결혼하신 때가 1950년대 중반이었습니다. 그 당시 상황에서 그 정도의 재산이면 대농(大農)은 못되지만, 소농(小農)은 벗어나 중농(中農)은 되었던 것 같습니다. 대학생이 극히 드물었던 시절에도 아버지를 대학까지 보내실 정도로 집안 형편이 넉넉했습니다. 하지만 전답을 팔아 대학까지 보낸 아버지가 졸업 후 직장을 못 구하고, 할아버지가 사기꾼의 농간에 속아 많은 재산을 날리면서 가세가 기울기 시작했다고 합니다.

처음 시집와서는 시부모님의 처분을 다소곳이 지켜만 보시던 어머니는 형편이 어렵게 되자 집안 대소사에 적극적으로 관여하기 시작했습니다. 우선 할아버지를 설득해 남은 전답을 처분해 시내에서 가까운 풍덕동 들판에 논을 새로 장만하셨습니다. 놀고만 계시던 아버지도 33세의 늦은 나이에 경찰관으로 직장 생활을 시작하셨다가 얼마 안 가 교직으로 직장을 옮기셨습니다. 어머니는 아버지의 월급을 착실히 저축하는 한편 작은외삼촌의 밭을 빌려 채소를 재배해 시장에 내다 파시기 시작했습니다. 마당 한쪽에 아래채를 신축해 사글세로 임대하는 한편 마당 한편에는 축사를 지어 돼지를 키워 파는 등 소득이 될 만한 일은 가리지 않고 하셨습니다. 이렇게 해서 한 번 어머니 지갑으로 들어간 돈은 좀처럼 빠져나오는 법이 없었습니다. 목돈이 모이자 해룡면 지역에 밭 수백 평을 사들이셨습니다. 저희 부모님은 춥고 배고팠던 1960년대와 1970년대를 그렇게 견뎌내시면서 5남매를 키우셨던 것입니다.

1980년대에 접어들자 상황이 나아졌습니다. 저처럼 1970년대에 초중고를 다녔던 기성세대들은 '국민소득 1,000불 수출 100억 불'이라는 그 시대를 풍미했던 구호를 또렷이 기억할 것입니다. 학교는 물론 시내 곳곳에 그 구호를 담은 간판이나 플래카드, 벽보들이 붙어 있었고 TV나 라디오에서도 같은 구호가 수시로 흘러나왔습니다. 조금만 허리띠 졸라매고 열심히 일하면 우리도 잘 살 수 있을 것이라는 기대와 희망이 충만했던 시절이었습니다.

실제로 1980년대에 접어들자 거짓말처럼 집안 형편이 좋아지기 시작했습니다. 정통성이 취약한 전두환 정권이 공무원 처우 개선에 힘쓰면서 아버지의 봉급이 많이 올라 살림이 조금씩 펴졌습니다. 그 무렵 서울에서 대학을 다니기 시작한 저와 제 동생도 힘을 보탰습니다. 당시 대학은 상아탑(象牙塔)이 아니라 우골탑(牛骨塔)이라고 불릴 정도로 시골 학부모들에게는 자식들을 서울로 유학 보내는 것이 큰 경제적 부담이었습니다. 하지만 저와 제 동생 모두 학비는 장학금, 생활비는 과외 아르바이트로 해결하면서 부모님의 경제적 부담을 덜어 드렸던 것입니다.

1980년대 말에 접어들어 여수 석유화학단지와 광양제철소의 배후도시로서 순천이 주목을 받으면서 대규모 아파트 단지가 속속 개발되기 시작했습니다. 그러자 오래전에 사 두었던 해룡면 밭과 풍덕동 논의 부동산 가격이 오르면서 그 땅들에 대한 부모님의 기대도 같이 커지기 시작했습니다. 논과 밭을 팔라는 부동산 중개업소의 구애가 끊임없이 이어졌지만, 아버지는 다 거절하셨습니다. 그렇게 애지중지했던 땅이었지만 명심보감의 글귀처럼 큰 부자는 하늘이 내리시는 것인가 봅니다. 해룡면 밭은 1990년대 초 금당지구 개발로, 풍덕동 논은 2000년대 들어 여러 개발사업이 진행되면서 순천시에서 수용해 갔습니다. 그 땅들의 수용 통보를 받았을 때 크게 실망하셨던 아버지의 모습이 지금도 눈에 선합니다. 물론 적지 않은 보상비를 받았지만, 시세에 비하면 적은 금액이었고 수용되지 않았을 때 누릴 수 있는 부동산 가치 상승을 고려하면 아쉬움이 크실 수밖에 없으셨을 것입니다.

지금도 옛날 저희 논과 밭이었던 곳 근처를 지날 때면 고인이 되신 아버지 생각이 많이 납니다. 살아계실 때 종종 저희 형제들을 데리고 해룡면의 밭과 풍덕동의 논을 둘러보면서 든든해 하셨는데 결국 수용을 당했으니 많이 서운하셨을 것입니다. 저 역시 만약 그 땅들이 개발사업지구 내에 포함되지 않고 조금만 벗어나 있었더라면 지금 상당히 큰 재산이 되었을 텐데 하는 생각을 할 때가 있습니다. 그러나 다른 한편으로 생각하면 부모님께서 수십 년 전 그 땅들을 사셨을 때는 생각지도 못했던 큰돈을 보상비로 받으셨으니 서운해할 일만도 아닌 것 같습니다. 과

욕초화(過慾招禍), 지나친 욕심은 오히려 화를 부르는 법입니다. 돈으로 행복을 살 수는 없습니다. 재산이 없는 집안보다 재산이 많은 집안에서 형제간 불화가 심한 경우를 우리는 종종 목격합니다. 그런 집들과 달리 시집 온 며느리들이 가끔은 소외감을 느낄 정도로 우리 5남매가 오랜 세월 끈끈한 우애를 유지하고 있는 것은 참으로 다행스러운 일입니다. 아버지도 지금 하늘나라에서 우리 5남매가 오순도순 화목하게 사는 모습을 흐뭇하게 지켜보고 계실 것입니다.

(2019. 6. 19)

아내의 소원, 대전 이주기 移住記

지난 2014년, 우리 가족은 오랜 광주 생활을 청산하고 대전으로 이사했습니다. 광주를 떠나 대전으로 이사하게 된 까닭은 당시 아들 녀석이 카이스트에 재학 중이었던 것도 한 요인이었지만 더 큰 이유는 딸아이 때문이있습니다.

딸아이는 지적장애인입니다. 올해 26살인 딸아이는 몸은 성인이지만 사고와 판단능력은 7~8살 어린아이 수준입니다. 딸아이는 갓난아기 시절, 감기만 들면 열이 심하게 올라 경기를 일으키곤 했었습니다. 단정할 수는 없지만 아마도 그것이 뇌에 치명적 손상을 주었던 것 같습니다. 숨을 쉬지 못해 파랗게 물들어가는 아이를 속수무책으로 그저 바라보고만 있어야 하는 것은 정말 고통스럽고 끔찍한 일이었습니다.

　딸아이가 다섯 살쯤 되었을 무렵 다른 아이들과 무언가 다르다는 것을 느낀 저희 부부는 병원을 찾아 정밀진단을 받았습니다. 의사가 앞으로 공부는 포기해야 할 것 같다는 말로 상황의 심각성을 에둘러 말했을 때 큰 망치로 머리를 맞은 듯 눈앞이 아득해졌습니다. 장애를 안고 평생을 살아가야 할 딸아이의 삶이 너무 애처로워 가슴이 칼로 저미는 듯 아파왔습니다. 부모를 잃은 슬픔을 천붕(天崩 : 하늘이 무너지다)이라고 합니다. 류달영은 수필 『슬픔에 관하여』에서 의사로부터 아들의 사망선고를 듣던 순간 천붕보다 더 큰 슬픔을 느꼈다고 했습니다. 저 역시 병원으로 가기 전에 설마 했던 일이 사실로 확인되자 하늘이 무너지는 듯한 충격으로 몸을 가누기조차 어려웠던 것입니다.

　그날 이후로 제 아내의 삶은 완전히 바뀌었습니다. 자신의 삶은 포기한 채 오로지 딸아이를 위한 삶만이 존재하는 것 같았습니다. 실오라기 같은 희망을 붙잡고 유명하다는 병원들을 찾아다녔지만, 진단 결과는 변하지 않았습니다. 아내는 그래도 포기하지 않고 언어치료센터나 미술치료교실 등에 딸아이를 데리고 다니면서 상태가 조금이라도 좋아지도록 애썼습니다.

딸아이가 중학교에 입학하면서 도보 통학이 어렵게 되자 승용차로 등하교를 시키는 삶이 시작되었습니다. 아침에 데려다 주고 오후에 데리고 오는 생활이 고등학교를 졸업할 때까지 계속되었습니다. 마음 놓고 외출 한 번 할 수 없는, 그 애달프고 고단한 삶을 무어라 형언할 수 있을까요?

고등학교 졸업이 다가오자 아내의 새로운 고민이 시작되었습니다. 왕따 등 온갖 어려움 속에서도 딸아이는 아내의 헌신적인 보살핌으로 고등학교는 겨우 졸업했지만 그 이후가 문제였습니다. 애당초 대학 진학은 꿈도 꾸지 않았습니다. 아내는 장애인을 위한 직업학교를 알아보기 시작했습니다. 지금은 상황이 어떤지 모르지만, 당시만 해도 광주에는 마땅한 학교가 없었습니다. 제대로 된 직업학교가 있는 곳은 서울과 대전 뿐이었습니다. 아내는 딸아이를 위해 고향을 떠나기로 힘든 결정을 내렸습니다. 서울과 대전을 놓고 고민하던 아내는 최종적으로 대전을 선택했습니다. 대전은 광주에서도 멀지 않고, 제 직장이 있는 서울에서도 가까웠을 뿐만 아니라 이미 아들이 다니는 카이스트가 있는 곳이었기 때문입니다.

아내의 정성과 헌신적인 보살핌 덕분에 딸아이는 2017년 봄에 2년 과정의 직업학교를 무사히 졸업했습니다. 직업학교에 다니면서 바리스타 자격증을 취득했던 딸아이는 장애인 의무고용제 덕분에 글로벌 커피 전문점인 S 커피에서 정규직으로 첫 직장생활을 시작했습니다. 하지만 수많은 손님을 상대해야 하는 커피 전문점의 일은 행동이 굼뜨고 판단능력이 부족한 딸아이에게 쉽지 않았습니다. 더구나 커피점 매니저의 장애인에 대한 편견과 몰이해가 언어폭력을 넘어서 육체적 가해로까지 이어지자 끝내 직장을 그만둘 수밖에 없었습니다. 커피 전문점에서 일하는 몇 개월 동안 자기 의사 표현능력이 부족한 딸아이가 겪었을 억울한 일들과 심적 고통을 생각하면 지금도 가슴에 이는 아픔이 밀려옵니다.

커피 전문점을 그만둔 딸아이는 대덕연구단지에 있는 한 공공기관에 사무보조원으로 취업할 수 있었습니다. 쓰레기통 비우기, 복사지 보충 등 비교적 단순하고 간단한 일을 하며 딸아이는 큰 어려움 없이 직장생활을 했습니다. 4~5개월짜리 단기 일자리라는 점만 제외하면 커피숍보다 모든 것이 만족스러웠습니다. 다른 대도시에 비해 대전이 좋은 점은 장애인들에게 인턴 기회를 제공하는 공공기관이 많다는 점입니다. 딸아이의 인턴 기간이 끝날 무렵이 되면 아내는 구인 사이트들을 검색해 대전의 공공기관들 위주로 취업지원서를 제출했습니다. 기관마다 요구하는 양식이 달라서 일일이 응시원서를 작성해서 제출해야 했습니다. 많은 시간과 정성을 필요로 하는 일이었지만 그렇게 해서 일자리를 구할 수 있는 것은 아내에게 슬픔 어린 기쁨이었습니다.

요즘 아내에게는 또 다른 걱정거리들이 생겼습니다. 아내는 딸아이가 서른이 넘으면 인턴 자리도 구하기가 쉽지 않을 것이라고 생각합니다. 딸아이가 집에만 있으면 점점 더 퇴보할 것이라는 생각에 어떻게 해야 할지 걱정 또한 많습니다. 더구나 나이가 들며 몸도 예전 같지 않자, 언제까지 딸아이를 돌봐줄 수 있을지 걱정하는 눈치입니다. 딸아이는 잠자리조차도 엄마 곁을 떠나지 않으려고 할 정도로 아내에 대한 정서적 유착이 강합니다. 전문가들에 따르면 제 딸아이와 같은 장애아의 수명은 거의 엄마의 수명과 같다고 합니다. 장애아를 가진 모든 어머니의 소원은 자식보다 하루 더 사는 것이라고 합니다. 자신이 죽고 나면 천덕꾸러기 취급을 받을 자식 걱정 때문입니다. 제 아내도 다르지 않습니다. 아무쪼록 아내와 딸아이가 건강하게 오래오래 살기만을 기도할 뿐입니다.

(2019.12.11)

어머니(2)

많은 옛날 분들이 그렇듯이 저의 어머니도 사월 초파일이면 절을 찾아 연등을 밝히고 가족의 안녕을 빌곤 하셨던 불교 신자였습니다. 그렇게 오랜 세월 동안 절을 다니셨는데 2007년 1월에 아버지가 갑작스럽게 돌아가신 후 천주교에 귀의하셨습니다. 그 이후 지금까지 단 한 번도 주일미사에 빠진 적이 없을 정도로 독실한 신자로서 신앙생활을 하고 계십니다. 하지만 타 종교에 대해 배타적이신 것은 아닙니다.

"어떤 종교든 좋으니 믿음 하나를 가져라. 그리고 일단 선택했으면 진실 되게 믿어라."

제가 고향 집을 찾을 때마다 저에게 주신 어머니의 말씀입니다. 어머니의 말씀은 수필집 『무소유』에 실린 '진리는 하나인데'에서 엿볼 수 있는 법정 스님의 생각과 다르지 않습니다.

"마하트마 간디의 표현을 빌리면 종교란 가지가 무성한 한 그루의 나무와 같다. 가지로 보면 그 수가 많지만 줄기로 보면 단 하나뿐이다. 똑같은 히말라야를 가지고 동쪽에서 보면 이렇고 서쪽에서 보면 저렇고 할 따름이다. 종교는 하나에 이르는 개별적인 길이다. 같은 목적에 이르는 길이라면 따로따로 길을 간다고 해서 조금도 허물될 것이 없다."

제 어머니가 천주교에 귀의하신 것은 천주교 신자인 큰누나의 오랜 전도도 있었지만, 천주교에서는 제사가 허용된다는 것이 큰 이유였습니다. 돌아가신 조상의 기일을 맞아 제사를 모시는 어머니의 마음가짐은 한마디로 '지극정성'이란 말 외에는 달리 표현할 길이 없습니다. 종갓집이라 해마다 열 차례가 넘는 제사를 모시면서도 힘들어하시거나 짜증 내시는 모습을 보인 적이 없으셨습니다. 성묘도 예외는 아닙니다. 아버지가 살아계실 때는 남자들만 성묘를 다녔지만 돌아가신 후에는 단 한 번도 거르시지 않고 저희와 같이 성묘를 다니셨습니다.

조상을 공경하는 어머니의 마음은 가족묘원 조성으로 이어졌습니다. 가족묘원 조성은 어머니의 오랜 소원이셨습니다. 6대조 할아버지부터 가계(家系)가 갈라지면서 대문중과 별도로 산소 관리를 해 왔는데 묘들이 이 산 저 산으로 흩어져 있다 보니 명절 때 성묘 한 번 하려면 보통 힘든 게 아니었습니다. 가족묘원 조성은 당연히 장성한 자식들인 저희 3형제가 해야 할 일입니다. 하지만 자식들의 도움 없이 당신 힘으로 조성하기로 하고 10여 년 가까이 꾸준히 돈을 모으셨습니다. 아버지가 남기고 간 연금을 아껴 쓰시고 자식들이 드린 용돈 등을 모아 마침내 지난 2015년 지금의 가족 묘원을 조성하게 된 것입니다.

가족묘원이 조성되자 어머니에게는 새로운 근심거리가 생겼습니다. 묘지 주변의 띠풀 때문입니다. 띠풀은 그 씨가 일단 묘지 주변에 떨어지면 무서운 속도로 번식합니다. 땅속 깊이 뿌리를 박고 있기에 제거하기도 무척 어렵습니다. 약제 살포만으로는 어렵고 풀매기와 병행하여 최소 3~4년은 투자해야 띠풀을 잡을 수 있습니다. 또 한 번 제거했다고 끝이 아니며 그 후에도 지속적으로 관리해야 합니다. 지난 수년 동안 어머니는 '띠풀과의 전쟁'이라고 해도 과언이 아닐 정도로 띠풀 제거에 온 힘을 쏟으셨습니다. 구순이 멀지 않은 고령의 몸으로 시간이 날 때마다 가족 묘원을 찾아 띠풀을 매셨습니다. 지금 단정하게 정돈된 가족묘원의 어느 한구석에도 어머니의 땀과 정성이 배어있지 않은 곳이 없습니다.

순천만을 끼고 오른쪽 해안선을 따라 승용차를 달리다 보면 별량면 장산마을이 나옵니다. 장산을 지나 화포, 금천을 거쳐 조금만 더 가면 죽전마을이 나오는데 그 마을 입구에는 커다란 팽나무가 우람한 자태를 뽐내며 서 있습니다. 팽나무 밑에는 널찍한 와상이 놓여 있어 동네 사람들은 물론 지나가는 나그네들의 쉼터가 되고 있습니다. 어느 여름날 늦은 오후, 그 와상에 앉아 땀을 식히고 있는 나그네라면 동네 사람들에게는 이미 익숙한 풍경 하나를 목격할지도 모릅니다. 지팡이를 짚고 손에 호미를 든 할머니 한 분이 뉘엿뉘엿 지는 석양을 등진 채 산기슭 오솔길을 따라 느릿느릿 걸어 내려오는 모습을….

(2020. 2. 7)

아들과 딸

저에게는 1992년생인 아들과 1994년생인 딸이 있습니다. 학부에서 항공우주공학을 전공한 아들은 지금 대학원 박사과 정 4년 차인데 막바지 박사 논문 준비에 눈코 뜰 새 없이 바쁜 것 같습니다. 여자 친구와 데이트는 고사하고 엎드리면 코 닿을 곳인 집에도 못 온 지 한 달이 넘어갑니다. 딸아이는 정신장애 인을 위한 2년 과정의 직업학교를 졸업한 후 4~5개월짜리 단 기 인턴 생활을 해오고 있습니다. 얼마 전까지 대전의 한 공공 기관에 다니고 있었는데 교묘한 직장 괴롭힘에 계약 기간을 다 못 채우고 사표를 제출해야 했습니다. 장애인의 부모로서 우리 사회의 장애인에 대한 편견과 차별이 얼마나 극심한지 절감하고 있습니다.

한국보건사회연구원에서는 자녀 한 명이 대학 졸업할 때까지 필요한 양육비 통계를 매년 발표하고 있는데 2019년에는 3억 원을 돌파했습니다. 3억 원이 넘는 양육비 대부분이 사교육비라고 하는 것은 주지의 사실입니다. 단순히 비용만을 고려하면 저는 두 아이의 사교육비가 거의 들어가지 않았으니 행복한 사람이라고 할 수 있습니다. 두 아이 모두 태권도나 피아노 교습 등을 제외하면 사교육을 시킨 적이 없었습니다. 아들은 중학생 때는 교육청의 영재교육원, 고등학생 때는 과학고를 다녔기 때문에 사교육을 받을 이유도 시간도 없었습니다. 반면에 딸아이는 학습능력이 많이 부족해 사교육을 시키고 싶어도 시킬 수 없었습니다. 그런 점에서 보면 저는 지극히 불행한 사람이기도 합니다.

아들이 사교육을 받은 적이 있다면 초등학교에 다닐 때 학원 강사였던 제 엄마에게 받았던 영어교육일 것입니다. 서울의 Y대 영문학과를 졸업한 아내는 결혼 전 일반 회사에서 근무한 적도 있지만, 사실은 가르치는 일을 무척 좋아했습니다. 영문과보다는 차라리 사대나 교대로 진학하는 것이 더 좋을 뻔했습니다. 결혼 후 서울에서 광주로 돌아온 아내는 아이들이 좀 크자 영어

학원 강사 생활을 시작해 50대 중반인 지금까지도 아이들을 가르치는 일을 계속하고 있습니다. 실력 있는 강사로 소문이 나, 돈도 제법 많이 벌었습니다. 아들은 초등학교 시절 그런 엄마한테 영어의 문법적 기초를 배웠는데 그것이 큰 도움이 되었다고 합니다.

아들은 저나 제 아내에게 무척 고마우면서도 미안한 존재입니다. 아들은 중·고교 시절 속 한번 썩히지 않고 카이스트에 진학해 부모를 기쁘게 했습니다. 카이스트에서는 4년간 등록금 전액 면제는 물론이고 오히려 생활비를 받고 학교에 다녔으니 효자도 그런 효자가 없습니다. 하지만 아픈 손가락에 더 마음 가는 것은 어쩔 수 없나 봅니다. 저나 아내의 관심은 항상 딸아이를 향해 있었습니다. 그러다 보니 아들에게 특별히 신경 써주지 못했는데 스스로 알아서 잘 커 줬으니 미안하기도 하고 고맙기도 한 것입니다. 사실은 고마움보다는 미안한 마음이 훨씬 큰 것이 우리 부부의 솔직한 심정이겠지요.

정작 부모로서 아들에게 미안한 일은 따로 있습니다. 남매가 서로 의지하며 오손도손 사이좋게 살아가면 좋으련만, 딸아이의 상황으로는 아들이 동생을 챙길 수밖에 없습니다. 저희 부부가 살아 있을 때는 문제가 없겠지만 죽어서 이 세상에 없을 때 딸아이를 돌보는 일은 고스란히 아들의 몫이 될 것입니다. 아들이야 피를 나눈 동생이니 잘 돌봐주려고 하겠지만, 장차 며느리 될 사람의 마음이 제 아들과 똑같지는 않을 것입니다. 인정 많고 착한 아가씨가 며느리로 들어오면 좋겠지만 그 문제는 인력으로 어찌할 수 없는 노릇입니다. 월하노인(月下老人)의 붉은 실이 제 아들과 어떤 아가씨의 발을 묶게 될지 그 누가 알 수 있겠습니까?

제 아내는 2014년 대전으로 이사 온 후 집에서 과외 교습소를 운영 중입니다. 평일은 물론이고 토요일까지 과외 교습을 하고 있습니다. 대전으로 이사 오기 전 광주에서 학원 강사 생활을 포함하면 벌써 20년 가까이 아이들을 가르치는 일을 해오고 있는 셈입니다. 아내가 오랜 세월 동안 그 일을 계속해오고 있는 이유는 좋아하는 일이기도 하지만 딸아이를 위해 돈을 벌어야겠다는 생각이 강했기 때문입니다. 하지만 아내도 나이가 50대 중반을 넘어서 몸이 옛날 같지 않습니다. 밤 11시까지 아이들을 가르치는 일을 언제까지나 계속할 수는 없습니다. 지금까지 딸아이를 위해 잠시의 여유도 없이 숨 가쁘게 달려왔으니 이제는 자신의 삶을 되돌아보는 시간도 가졌으면 하는 마음 간절합니다.

(2020. 2. 28)

큰누나의 추억

작년에 큰매형이 심근경색으로 갑작스럽게 세상을 떠난 후 주말이면 순천 고향 집에서 큰누나와 함께 지내는 경우가 많아졌습니다. 저와 큰누나 모두 주중에는 서울에서 생활하다가 금요일 저녁이 되면 순천으로 돌아옵니다. 주말부부인 제가 아내가 있는 대전으로 바로 가지 않는 것은 과외 교습소를 운영하는 아내가 토요일에도 수업을 하기 때문입니다. 큰누나는 원래 순천에서 사셨지만 5년 전부터 외손자들을 돌보느라 주중에는 서울에서 생활하고 금요일 저녁에 순천으로 돌아오는 삶을 반복하고 있습니다. 청암대 근처에 아파트가 있지만, 매형이 돌아가신 후부터는 매형이 안 계신 썰렁한 아파트에 혼자 있기 싫다고 해서 친정집에서 주말을 지냅니다.

주말을 순천에서 보내지만 저나 큰누나 모두 각자의 일정이 바빠 차분히 대화할 기회를 자주 갖지는 못합니다. 지난 토요일에는 모처럼 아침 식사 후 어머니와 셋이서 이야기할 기회가 있었습니다. 모두가 관심 가질만한 공통적인 화제는 아무래도 지난 추억일 것입니다. 그날은 주로 큰누나가 직장생활을 할 때 있었던 일화를 이야기했는데 저도 처음 듣는 이야기가 많았습니다. 큰누나는 1973년에 고등학교를 졸업하자마자 한국통신의 전신(前身)인 체신부 산하 전신전화국의 교환원으로 취직했습니다. 휴대폰이 없었던 시절이었습니다. 특히 시외전화를 하려면 전신전화국에 신청해 교환원들이 중간에서 연결을 해줘야 통화가 가능했습니다. 지극히 사적인 통화내용도 교환원들이 중간에서 다 듣고 있었다고 하니 지금 같으면 상상도 못 할 일입니다.

큰누나는 첫 발령을 전라북도 남원으로 받았는데 연고가 없는 까닭에 하숙을 할 수밖에 없었습니다. 과년한 딸을 객지에 홀로 둔 아버지로서는 걱정이 많으셨을 것입니다. 하루는 큰누나가 친구 집에서 외박하고 집에 안 들어간 적이 있었다고 합니다. 그날 저녁 하숙집에 전화했다가 딸이 하숙집에 들어오지 않은 사실을 알고 걱정이 된 아버지는 그다음 날 새벽 기차로 남원으로 올라갔습니다. 다음 날 아침 어머니로부터 아버지가 올라 가셨다는 전화를 받은 큰누나가 남원역으로 아버지를 마중을 나갔다가 허둥지둥 걸어 나오는 아버지를 발견하고 "아버지!" 하고 부르자 딸을 본 아버지의 눈에 눈물이 핑 도시더랍니다. 그러더니 안도의 한숨과 함께 다른 말씀은 없이 "다시 내려 갈란다." 하시고 매표구로 향하셨다고 합니다. 그 이야기를 하면서 큰누나는 그때의 아버지 뒷모습을 지금도 잊을 수 없다고 했습니다.

요즘 풍속은 어떤지 모르겠지만 2~30년 전만 해도 자식들이 첫 월급을 타면 부모님에게 속옷, 특히 빨간 내복을 선물하는 것이 일반적인 관례였습니다. 옛날에는 난방이 충분치 않았는데 추운 겨울에도 내복 없이 지내시는 부모님께서 많았기 때문입니다. 큰누나 역시 취직 후 첫 월급을 타서 어머니께 속옷을 선물해 드렸는데 내복보다 값이 싼 팬티를 선물해 드렸다고 합니다. 큰누나의 이야기로는 그 당시 어머니는 팬티 살 돈이 아까워 해어진 무명치마로 직접 팬티를 만들어 입으셨다고 합니다. 단 한 푼이라도 아껴 목돈을 마련하려는 어머니의 지나친 알뜰함 때문이었습니다. 큰누나는 어머니의 그런 모습이 가슴 아프기도 했지만 다른 한편으로는 너무 궁상스럽게 보여 싫었다고 했습니다. 그래서 첫 월급을 타자마자 내복 대신 팬티를 사드렸고, 그 후로도 한동안 어머니의 속옷은 큰누나가 사드렸던 것입니다.

　큰누나의 이야기를 잠자코 듣고 있던 어머니가 천천히 입을 떼셨습니다. 그 시절에는 하루하루의 삶이 너무 힘들어서 빨리 시간이 흘러가기를 기도했다고 합니다. 어제보다는 오늘이, 오늘보다는 내일의 삶이 좀 더 나아지리라는 희망 때문이었습니다. 그런 희망 없이는 단 하루를 버티기 힘들었던 시절이었다고 했습니다. 그렇게 안 입고 안 쓰고 고생하시면서 5남매를 키우신 어머니의 삶은 '인고(忍苦)'와 '희생(犧牲)'이란 두 단어 말고는 달리 표현할 길이 없습니다. "내리사랑은 있어도 치사랑은 없다."는 옛 속담이 시사하듯이 저희 5남매가 어머니에게 아무리 효도한다고 해도 어머니가 자식들에게 베푸신 사랑의 백분의 일도 못 갚을 것입니다. 자신의 삶은 도외시한 채 힌평생 자식들을 위해 살아오신 어머니의 삶이 애잔하고 가슴 아플 뿐입니다.

(2020.2.28)

▼
▼
▼
▼

3부

뚜벅뚜벅 걸었던 길

공직

지리적 거리,
시간적 거리,
심리적 거리

벌써 20여 년 전의 이야기입니다. 그 무렵 저는 공직에 갓 입문한 초임 사무관이었는데 당시의 시대적 화두는 '서해안 시대'였습니다. 1992년, 역사적인 한중 수교로 서해안이 대륙 진출의 교두보로 주목을 받던 시절이었습니다. 기업들은 물론이고 서해안 지역의 지방자치단체들도 중국에 대한 기대로 들떠 있었습니다. 전남도 예외는 아니었습니다. 한중 수교로 전남이 국토의 새로운 번영지대로 탈바꿈하리라는 희망이 넘쳤습니다. 중국, 특히 중국 경제의 심장부인 상해와 가장 가까운 전남이 한중수교에 따른 경제적 수혜가 가장 클 것이라는 막연한 이유에서였습니다.

모두가 들떠 있을 때 사석에서 만난 어느 지인이 이런 말을 했습니다.

"지리적 거리와 시간적 거리는 다르다."

그의 주장에 따르면 '지리적 거리'는 분명히 우리 전남이 상해와 가장 가깝지만 '시간적 거리'의 관점에서 보면 그렇지 않다는 것입니다. 당시는 무안공항이 개항되기 전이었기 때문에 전남에서 상해를 가려면 김포나 김해공항까지 이동해서 비행기로 갈아타야만 했습니다. 지리적 거리만 놓고 보면 전남이 중국 상해와 가장 가깝지만, 시간적 거리는 수도권이나 영남권이 오히려 가깝다는 것입니다.

그 무렵 또 다른 지인이 들려준 이야기도 두 가지 개념의 구별 필요성을 일깨워 줬습니다. 그 지인은 프랑스에서 오래 사셨던 분인데, 프랑스에서는 테제베(TGV)가 개통된 이후 여행 안내지도를 제작할 때 지리적 거리와 시간적 거리를 구분해서 표시한다고 했습니다. 그 이유는 가령 A라는 도시가 B라는 도시보다 수도 파리로부터 훨씬 멀리 있다 하더라도 테제베가 개통돼 있다면 시간상으로 훨씬 더 빨리 갈 수 있기 때문에 양자를 구별할 필요가 있었다는 것입니다.

제가 전남도청에서 일했던 지난 20여 년 동안 전남도의 대정부 예산확보 노력은 도로, 철도, 공항 등 SOC 확충에 무게중심이 있었다고 해도 과언이 아닙니다. SOC 확충을 통한 수도권과의 시간적 거리 단축이 투자유치의 선결 과제라는 공감대가 광범위하게 형성돼 있었습니다. 실제로 아직 갈 길이 멀긴 하지만, SOC 문제는 그동안 많은 진전이 있었고 그때문에 투자유치의 어려움도 과거에 비하면 많이 해소된 것이 사실입니다. 그러나 투자유치를 위해 뛰어다니다 보면 SOC 확충(시간적 거리의 단축)이 필요조건이긴 하지만 충분조건이 아님을 깨닫는데 그리 오랜 시간이 걸리지 않습니다. 여러 가지 추가적인 조건 충족이 필요하며 그중에는 '심리적 거리' 해소 문제도 있습니다.

15년 전인 1995년, 제가 전남도청 기획계장으로 있을 때 다른 지역 사람들이 전남에 대해 어떤 이미지를 가지고 있는지를 알아보기 위해 전남대 사회과학연구소에 설문조사를 의뢰한 적이 있었습니다. 설문 중에 전남 하면 떠오르는 색깔을 묻는 항목이 있었는데 가장 많이 나온 응답이 '빨강'이었습니다. 빨강은 정열, 과감, 적극성 같은 긍정적 이미지를 연상시키기도 하지만 공산주의에 대한 반감으로 레드 콤플렉스(Red Complex)가 강한 한국 사회에서는 긍정보다 부정의 느낌이 강한 것이 사실입니다.

지금은 그때와 사정이 많이 달라졌긴 하지만 아직도 다른 지역 사람들 중에는 우리 전남에 대해 왜곡된 이미지를 가지고 있는 사람들이 있습니다. 이미지가 왜곡됐다는 것은 심리적 거리가 멀다는 뜻입니다. 심리적 거리의 해소는 사람들의 심적 태도(mind-set)를 바꾸는 일이기 때문에 시간적 거리의 문제보다 해결이 훨씬 어렵고 시간도 오래 걸립니다. SOC 확충처럼 예산만 확보하면 되는 시간적 거리의 문제와 달리 공무원의 노력만으로도 한계가 있습니다. 도민들의 능동적이고 주체적인 참여와 실천이 절실히 요구됩니다. 우리 지역에 투자한 기업들을 사랑하고 산업평화 조성에 앞장서며 우리 지역을 방문한 다른 지역 사람들 마음속에 친절하고 따뜻한 전남의 이미지를 심어주는 일은 도민 한 사람 한 사람의 협력과 동참 없이는 이뤄질 수 없기 때문입니다.

전남도가 지난 2006년부터 '훈훈한 지역 만들기' 캠페인을 전개하고 있는 것은 '너불어 살아가는 공동체' 조성에도 목적이 있지만, 지역의 품격을 드높여 우리 전남에 대한 심리적 거리를 없애기 위한 노력의 일환이라고 할 수 있습니다. '녹색의 땅, 전남'이라는 캐치프레이즈처럼 전남 하면 녹색의 이미지가 떠오르고, 기업인들이 우리 전남에 투자하기를 열망하는 그날이 하루빨리 오길 기대해 봅니다.

(2010. 8.30)

청백리

요사이 『제왕과 재상』이란 책을 읽고 있습니다. 중국의 이정(李政)이란 분이 지은 책인데 역사적 실례를 바탕으로 제왕과 재상의 권력투쟁을 다룬 책입니다. 물론 왕권이 신권보다 강한 것이 일반적이지만 그렇지 않은 경우도 드문 것은 아니었으며, 왕권이 우위에 있는 시대에도 제왕과 재상 간에 미묘한 갈등과 대립은 항상 존재했던 것 같습니다. 정확한 연도는 기억나지 않지만, 탤런트 유동근이 태종 이방원 역으로 열연했던 KBS의 대하 사극 '용의 눈물'도 왕권과 신권의 권력투쟁이란 관점에서 조선 초기 역사를 다뤄 공전의 히트를 했습니다.

『제왕과 재상』이란 책 속에도 중국 역대 왕조의 제왕과 재상들이 연출한 격동의 드라마들이 펼쳐지는데 제가 특히 흥미롭게 읽었던 것은 한고조와 소하에 관한 이야기입니다. 소하는 진평, 장량, 한신 등과 더불어 한고조 유방을 도와 한나라 4백 년 기업을 창업한 재상입니다. 유방이 최전선에서 항우와 격렬한 전투를 벌이는 동안 소하는 후방인 한중 땅에 남아 백성을 다스리고 군량을 조달하는 임무를 수행했습니다. 소하는 뛰어난 통치능력과 덕으로 백성의 민심을 얻고 있어 유방은 소하가 혹시 모반할지도 모른다는 생각으로 경계를 게을리하지 않았습니다.

유방의 의심을 눈치챈 소하는 화를 면하려고 일부러 백성의 재산을 수탈합니다. 백성의 땅을 강제로 헐값에 사들여 어진 재상이라는 평판을 망가뜨리고 백성의 원성을 자처함으로써 유방의 의심을 피하려고 한 것입니다. 유방은 백성의 진정을 받고 소하에게 벌을 주는 대신 백성에게 사죄하고 수탈한 재산을 돌려주도록 명령함으로써 백성을 위하는 어진 황제라는 명성을 얻게 됩니다.

아랫사람들이 자신보다 능력과 인품이 뛰어난 것을 용납하지 못하는 사례는 옛날만 있는 것은 아닌 것 같습니다. 과거 전남도의 국장 한 분이 시민단체가 주는 청백리상을 받은 적이 있습니다. 제가 전남도에 근무할 때 직접 모시기도 한 분으로 청백리상을 받을 만한 자격을 갖춘 분입니다. 그런데 그 상을 받은 것이 그분에게는 조직의 장으로부터 미움을 받게 되는 원인의 하나가 되었습니다. 정확히는 모르겠지만 아마 '너만 깨끗한 척하느냐?' 하는 것이 그 이유였던 것 같습니다.

참으로 세상사가 우리가 생각하는 것만큼 간단치가 않으며 훨씬 더 복잡하고 미묘하다는 것을 깨달을 때가 종종 있습니다. 소하와 유방의 고사가 시사하듯이 윗사람이 아랫사람에게 진정 원하는 것은 자신의 영명함과 선함을 빛내 줄 악역일지도 모릅니다. 악역은 아닐지라도 최소한 주연보다 빛나는 조연은 원하지 않는 것 같습니다. 모든 윗사람이 그런 것은 아니지만 의외로 그런 분들이 적지 않은 것이 현실인 것 같습니다. 윗사람 노릇하기도 힘들지만 참으로 아랫사람 노릇하기도 힘든 세상입니다.

(2013. 1. 28)

백수 명상록

작년 2월 행정안전부로 소속을 옮기자마자 중앙공무원교육원 고위정책과정에 교육파견 명령을 받았습니다. 작년 12월 교육 수료 후 인사발령 대기에 들어간 지 오늘로써 딱 2개월이 되었습니다. 보통 때라면 늦어도 1월 초순경 보직을 받았겠지만, 올해는 인사시기가 정권 교체기와 겹쳐 신정부 출범 후인 3월 초순경 인사가 있지 않을까 예상합니다. 지인 중에는 놀면서 봉급을 받으니 좋겠다고 하는 분들도 있습니다. 하지만 온 세상이 숨 가쁘게 돌아가는 이 시기에 왠지 나만 무위도식하고 있는 것 같아 초조한 마음이 드는 것도 사실입니다. 무엇을 해야 할지는 뚜렷이 생각나지는 않지만, 지금처럼 가만히 있어서는 나만 뒤

처질 것 같은 그런 느낌이 가끔 저를 옥죄곤 합니다.

　이렇게 마음이 초조해지고 조급한 생각이 들 때마다 제가 애송하는 시가 하나 있습니다. 반칠환 시인의 '새해 첫 기적'이란 시입니다 이 시는 저와 같은 처지에 있는 교육 동기생이 신년 초에 모든 동기생에게 보냈던 시입니다. 읽은 이에 따라 감상의 포인트가 다르고 받는 느낌에도 차이가 있을 것입니다.

　　　새해 첫 기적

　　　황새는 날아서
　　　말은 뛰어서
　　　거북이는 걸어서
　　　달팽이는 기어서
　　　굼벵이는 굴렀는데
　　　한날한시
　　　새해 첫날에 도착했다.

　　　바위는 앉은 채로 도착해 있었다.

　어떤 이는 이 시를 읽으면서 '각자 자기 방식대로 열심히 살다 보면 누구나 행복이라는 목표 지점에 도착할 수 있다.'는 의미를 부여할 수도 있을 것입니다. 또 지난 한 해 슬픔과 고통을 많이 겪었던 이라면 새로운 희망으로 새 출발을 할 수 있는 새해 첫날이 누구에게나 찾아온다는 사실에 감사한 마음을 가질지도 모릅니다. 정답은 없습니다. 해석은 각자 자유니까요.

전 이 시를 읽으면서 공직 생활을 하면서 만났던 수많은 공직 선배들이 머리에 떠올랐습니다. 그중에는 뛰어난 능력으로 남보다 항상 앞서가는 사람도 있었고, 동료나 후배보다 승진이 늦어 고민하는 사람도 있었습니다. 그러나 예외적인 경우를 제외하고는 황새처럼 날아갔던 사람이나 굼벵이처럼 굴러갔던 사람이나 공직의 종착점에서는 큰 차이가 없었습니다. 저 역시 지나온 공직 생활을 돌이켜 보면 후회스러운 점이 한두 가지가 아닙니다. 왜 그렇게 초조하고 불안한 마음을 안고 아득바득 살았을까요? 지금 와서 보니 별거 아니었는데 말입니다. 왠지 남보다 뒤처져 있는 느낌이 드는 요즘, 반칠환 시인의 시가 가슴에 와 닿으면서 마음에 큰 위안을 줍니다.

(2013. 1. 31)

J 프로젝트와 새만금 개발

어제 갑작스럽게 서울을 다녀왔습니다. 박근혜 정부 출범을 맞아 청와대가 주관하는 국정과제 설명회가 서울지방경찰청에서 있었기 때문입니다. 행사 시작까지 시간적 여유가 있어 안전행정부에 먼저 들렀습니다. 제2차관실에 들러 차관님께 인사드린 후 광주·전남 출신 국장님 몇 분도 만났습니다. 실·국장급 인사를 앞두고 있기에 화제는 자연히 인사 문제가 될 수밖에 없었습니다.

4월 5일로 예정된 안전행정부의 대통령 업무 보고가 끝난 후 저를 포함한 고위직 공무원의 인사가 있을 것으로 예상한다고 했습니다. 쉬는 것이 지겹다고 하면 행복한 고민을 한다고 하실 분도 계시겠지만, 이제는 정말 일을 하고 싶습니다.

어제 서울에 갈 때는 버스 편을 이용했는데 돌아올 때는 7시 저녁 약속을 맞추기 위해 비행기로 내려왔습니다. 비행기에 탑승해 내 좌석을 찾아가 보니 젊은 여성이 내 옆자리에 앉아 있었습니다. 주황색 미니스커트에 긴 다리를 꼰 채 창밖을 쳐다보고 있었는데 십인일색(十人一色)은 되고도 남을 미인이었습니다. 그런데 미인 옆에 앉아 간다는 설렘보다는 불편하겠다는 생각이 먼저 떠올랐습니다. 젊었을 때는 기차나 고속버스를 탈 때마다 옆 좌석에 예쁜 여성이 앉기를 기대하면서 탔는데 언제부터 이렇게 변했는지 모르겠습니다.

미인이 옆에 있어도 흔들리지 않는 부동심의 경지에 도달했다고 기뻐해야 할까요? 아니면 '늙으면 플라톤도 허수아비가 된다.'는 사실에 슬퍼해야 할까요? 안톤 슈낙은 '우리를 슬프게 하는 것들'이란 수필에서 우리의 마음을 슬프게 하는 많은 것들을 이야기했는데 왜 '잃어버린 청춘'은 빠뜨렸는지 모르겠습니다.

비행기가 이륙한 지 얼마 안 돼 드넓은 서해와 그 위에 점점이 떠 있는 섬들이 보였습니다. 10여 분쯤 지났을까요? 새만금

방조제가 눈에 들어왔습니다. 일부 간척이 된 곳도 있지만, 대부분은 물이 들어차 있어 거대한 호수처럼 보였습니다. 이명박 정부 출범 초기에 당시 국정원 목포사무소장에게 제가 했던 이야기가 생각났습니다. 당시 이명박 정부의 호남권 간판 프로젝트는 전북의 새만금 개발사업이었는데 전남의 J프로젝트와 개발 개념이 비슷해서 논란이 됐었습니다. 그때 저는 목포소장에게 '새만금 개발도 필요하다. 전북도 발전을 해야 하니까. 그런데 아직 개발할 땅도 없는 곳에 천문학적 돈을 투자한다고 하는데 과연 집권 5년 이내에 그것이 가능하겠는가? 이이제이(夷以制夷)의 전략으로 오해나 받지 않을까 염려된다.'는 취지로 이야기했던 것 같습니다. 이명박 정부의 지난 5년 동안 새만금 개발 프로젝트에 어떤 진전이 있었는지 전 잘 모릅니다. 하지만 아직도 거대한 호수처럼 보이는 새만금을 보면서 착잡한 마음이 금할 수 없었습니다.

조금 더 시간이 흐르니 전남 땅이 보이고 착륙 안내방송이 나왔습니다. 앞 좌석 등받이에 붙은 모니터를 보니 비행기가 착륙을 위해 서쪽으로 크게 원을 그리고 있었습니다. 활주로 여건상 비행기 진행 방향에서 바로 착륙하는 것이 불가능한 모양입니다. 서쪽으로 원을 그릴 때 혹시 J프로젝트 지역이 보이지는 않는지 열심히 찾아봤는데 날이 어둑어둑하고 비행기 고도도 낮아져 보이지는 않았습니다. 역사의 매 순간이 엄중한 선택의 갈림길에 서 있기는 하지만 5년 전 이명박 정부가 J프로젝트에 대해 새만금에 보인 것만큼의 애정을 보여주었더라면 전남의 많은 것들이 변했을 것이라는 아쉬움이 들었습니다. 역사에 가정이라는 것이 무의미하긴 하지만….

(2013. 3. 20)

귀거래歸去來, 그리고 색소폰

제가 작년부터 마음속으로 벼르고 별렀던 일 중의 하나가 저의 색소폰 연주 CD 제작입니다. 사실은 중앙공무원교육원 고위정책과정에 1년 동안 파견명령을 받았던 작년에 하계 휴가를 활용해 만들 계획이었습니다. 그런데 누구보다도 호평을 듣고 싶었던 한 지인이 제 연주에 대해 보여 준 무덤덤한 반응에 의욕이 꺾여 꿈을 접었다가 올해 3월 다시 용기를 내어 CD 제작에 착수했습니다. 저에게 색소폰을 지도해 주셨던 순천의 음악학원 원장님의 도움을 받아 학원 녹음시설을 활용해 이틀에 걸쳐 25곡 정도를 녹음했습니다. 녹음된 곡 중에서 18곡을 간추려 3월 15일 CD 제작을 의뢰했고 마침내 지난 3월 22일 제 사진이 들어간 CD가 세상에 첫선을 보이게 되었습니다. 제작된 CD는 평소 신세 진 지인들에게 하나씩 선물로 드렸는데 그때의 뿌듯함은 형언하기 어려웠습니다.

받으신 분들에게는 별거 아니겠지만, 저에게는 그 CD가 지난 몇 년간 흘렸던 땀과 투자했던 시간이 고스란히 녹아있는 소중한 작품입니다. 돌이켜보면 제가 색소폰에 입문한 것은 지난 2009년 7월이었습니다. 당시 저는 전라남도 행정지원국장에서 광양만권경제자유구역청 행정개발본부장으로 발령을 받아 고향인 순천으로 돌아오게 되었습니다. 중학교를 졸업하던 1976년 2월에 전라선 기차에 저의 몸과 청운의 꿈을 함께 싣고 고향을 떠난 지 실로 33년 만의 귀향이었습니다. 그런데 도의 수석국장이라 할 수 있는 행정지원국장에서 초임 국장들이 가는 광양청 행정개발본부장으로 발령이 난 그 인사에 대해 많은 사람이 의아해했습니다. 제가 원했던 선택이었지만 좌천 인사로 보는 주위의 시선은 33년 만의 귀향이 주는 기쁨을 반감시키고 있었습니다.

사실 인사발령 며칠 전까지만 하더라도 행정안전부로 올라가기로 되어 있었는데 가정 사정으로 포기하고 차선책으로 선택한 것이 광양청 행정개발본부장 자리였습니다. 당시 저는 행정지원국장을 맡은 지 1년 6개월이 되었기 때문에 인사 관행에 따라 어떤 자리가 됐든 보직을 옮겨야 할 상황이었습니다. 도지사님은 저에게 해양수산국장으로 자리를 옮기라고 말씀하셨지만 이미 한 번 거친 보직을 또다시 맡는다는 것이 마음에 내키지 않았습니다. 그래서 언젠가 행정안전부로 자리를 옮기기 전에 고향에서 한번 근무하고 싶어 선택한 것이 광양청 행정개발본부장 자리였습니다. 할 수만 있다면 순천 부시장으로 가는 것이 가장 바람직하지만, 저하고 인연이 닿지 않았던 것 같습니다.

광양청으로 근무처를 옮긴 뒤 순천 어머니 댁에서 출퇴근하였는데 고향을 위해 일할 수 있다는 사실은 저에게 큰 기쁨이었습니다. 하지만 다른 한편으로는 한직으로 자리를 옮긴 데 따른 허허로움이 있었던 것도 사실입니다. 그런 상황에서 저에게 위안이 되었던 것이 바로 색소폰이었습니다. 악기를 배우고자 하는 열망은 그전에도 있었으나 실천에 옮기진 못했는데 광양청에 근무하면서 다소의 시간적 여유가 생겨 색소폰을 배울 수 있었습니다. 이렇게 해서 시작한 색소폰 연주가 4년여의 세월이 흐른 뒤에 마침내 CD 제작이란 결실로 이어진 것입니다. 33년 만에 이루어진 저의 첫 번째 귀향은 이처럼 저에게 고향을 위해 일하는 기쁨과 함께 색소폰 연주라는 망외(望外)의 소득까지 안겨 주었습니다.

이제 저는 8년만 있으면 歸去來(관직을 그만두고 고향으로 돌아감)라는 또 한 번의 귀향을 맞게 됩니다. 하지만 저는 도연명처럼 '채국동리하 유연견남산(採菊東籬下 悠然見南山 : 동쪽 울 밑의 국화를 꺾어들고, 여유롭게 남산을 바라보네)'의 한가로운 삶만을 원하지는 않습니다. 오히려 많은 사람과 소통하고 부대끼면서 생동하는 삶을 호흡하고 싶습니다. 그런 점에서 저에게 색소폰이 있는 것이 얼마나 다행인지 모르겠습니다. 만약 경제적 여유가 있다면 순천만이 내려다보이는 경관 좋은 곳에 라이브카페를 하나 지을 것입니다. 그리고 순천만의 갈대숲에 황혼빛이 안개처럼 피어오르는 저녁이면 카페를 찾는 손님들을 위해 색소폰을 연주하고 싶습니다. 가끔은 고향 친구들과 어울려 향기 좋은 커피를 마시며 정담을 나누기도 할 것입니다. 아! 그날이 정말 기다려집니다.

(2013. 3. 28)

새로운 시작, 새로운 도전

드디어 저의 오랜 백수 생활이 종지부를 찍었습니다. 오늘 발표된 4월 23일 자 정부 인사발령에서 소방방재청 예방안전국장으로 근무할 것을 명령받았습니다. 작년 2월 5일 자로 전라남도에서 행정안전부로 전입하여 1년간의 장기교육을 마치고 보직 없이 대기한 지 5개월 만에 드디어 첫 보직을 받은 것입니다. 안전행정부 본부 진입을 못 해 아쉽다고 말하는 사람들도 있지만 여러 가지 상황을 고려할 때 나쁘지 않은 결과라고 생각합니다. 저보다 3년 먼저 안행부에 올라왔던 행정고시 동기는 이번 인사발표를 보고 저의 관운이 좋다고 했는데 정말로 그런지는 더 지켜볼 일입니다.

보직을 받고 보니 정말 도청을 떠났다는 사실을 실감하게 됩니다. 우리는 산속에 있을 때는 산의 존재를 느끼지 못합니다. 산을 벗어나 멀리서 바라봤을 때 비로소 산의 존재를 느끼게 됩니다. 저 역시 작년에 도청을 떠난 뒤에야 비로소 도청이 저에게 얼마나 큰 울타리였고 그 안에서 제가 얼마나 큰 행복을 누렸는지 깨달았습니다. 젊은 시절, 저의 꿈과 야망이 묻혀 있는 도청을 떠나 이제 저는 50대 중반에 접어드는 나이에 모든 것이 낯설고 생소한 새로운 환경에서 또 다른 도전을 시작하려 합니다. 기대도 크지만 잘해 나갈 수 있을지에 대한 걱정 역시 큰 것이 사실입니다.

며칠 전 인사 동향이 궁금해 안전행정부의 국장 한 분과 통화를 한 적이 있습니다. 이런저런 이야기 끝에 그분이 정권교체기의 고위직 인사를 지켜보면서 느낀 소회를 이야기하더군요. 요지는 고위공무원단 이상의 공무원들은 시냇물을 따라 떠내려가는 나뭇잎 같은 신세라는 것이었습니다. 시냇물의 흐름을 보면 흘러가는 속도가 똑같지 않습니다. 같은 장소에서도 주변의 지형과 여건에 따라 물살이 빠른 곳도 있고 반대로 느린 곳도 있습니다. 우연히 물살이 빠른 곳으로 흘러간 나뭇잎은 그렇지 못한 나뭇잎보다 더 빨리 떠내려갑니다. 때로는 그렇게 잘 흘러가다가도 암초나 장애물에 걸려 좌초하기도 합니다. 그 모든 것이 나뭇잎의 의지나 노력과는 관계없는 우연의 소산입니다. 그 국장이 하고 싶은 이야기의 요지는 분명했습니다. 고위공무원까지 올라올 정도의 역량을 가진 사람이라면 앞으로의 운명은 어떠한 물결의 흐름을 타느냐에 달려있고 그것은 결국 그 사람의 관운이라는 것입니다.

그 국장의 이야기가 운명론자나 패배주의자의 그것처럼 들릴 수도 있지만, 최선을 다하되 그 결과가 무엇이든 담담히 받아들이는 마음가짐은 삶의 지혜일 수도 있습니다. 따지고 보면 시골 평교사의 아들로 태어나 비빌 언덕 하나 없었던 제가 이 정도의 자리까지 온 것은 스스로 생각해도 대견할 때가 있습니다. 민간 기업에 근무했던 제 또래들이 이미 은퇴했거나 은퇴를 앞둔 것에 비하면 아직 몇 년의 공직 생활을 더 할 수 있는 것도 행복한 일입니다.

그렇게 생각하면 앞으로 남은 몇 년의 공직 생활을 통해 제가 얻을 수 있는 모든 것들은 망외의 소득으로, 덤이나 다를 바 없습니다. 물론 그렇다고 해서 제가 현재에 만족하고 현실에 안주하겠다는 뜻은 아닙니다. 아직 저에게는 꿈이 있고 이루고 싶은 목표가 있습니다. 하지만 이제는 초조와 번뇌에서 벗어나 결과에 집착하지 않고 편안한 마음으로 새로운 도전을 즐길 수 있을 것 같습니다.

나뭇잎들이 결국 바다로 흘러가듯 우리 공직자들도 때가 되면 은퇴를 맞이하게 됩니다. 시쳇말로 계급장 떼고 백두(白頭)가 되어 벌거벗은 참 인간의 모습으로 세상을 만나게 됩니다. 광활한 바다에서 나뭇잎의 존재가 아무런 의미가 없듯 퇴직하고 나면 과거의 직급이 무슨 의미가 있을까요? 인생의 목표는 사회적 성공이 아니라 행복한 삶입니다. 장·차관을 한다고 해서 인생이 더 행복해지고 하위직 공무원으로 공직을 마친다고 해서 불행해지는 것은 아닐 것입니다. 고은 선생의 시 중에 '그 꽃'이란 시가 있습니다.

그 꽃

내려갈 때 보았네
올라갈 때 못 본
그 꽃

짧은 시인데 나이가 들어갈수록 가슴에 큰 울림을 주는 시입니다. 돌이켜보면 저는 이 자리까지 오는 과정에서 많은 소중한 것들을 대가로 치러야 했습니다. 이제는 위만 보고 달려가기보다는 잠시 멈춰 서서 옆도 살피고 때로는 뒤도 돌아보면서 그렇게 살고 싶습니다.

(2013.4.22)

새벽 출근

오늘 아침 5시, 스마트폰 알람 소리에 잠에서 깨어났습니다. 간밤에 억수처럼 쏟아졌던 빗소리 때문에 사실은 이미 깨어 있었다고 하는 것이 맞을 것입니다. 오늘 아침은 평소보다 서둘러 출근해야 했습니다. 경기와 강원지역에 내리고 있는 집중호우 때문에 중앙재난안전대책본부의 상황판단회의가 아침 7시 30분으로 예정되어 있기 때문입니다. 상황판단회의에서는 집중호우로 인한 피해 상황을 확인하고 관계부처와 협의해 필요한 조처를 하게 됩니다. 그러고 보면 우리 대한민국은 좁으면서도 참으로 큰 나라입니다. 중부지방은 200mm가 넘는 폭우로 물난리를 겪고 있는데 남부지방은 불볕더위 때문에 고생하고 있으니까요.

7시 30분 회의 시간에 늦지 않으려면 이불속에서 꾸물거리지 말아야 합니다. 출근하는데 1시간 정도 걸리기 때문에 차분히 식사도 하고 샤워도 하려면 5시에는 일어나야 했습니다. 그런데 오늘 아침은 왠지 게으름을 피우고 싶어 지더군요. 어제 밤 늦게 고속버스를 타고 광주에서 귀경한 여독이 풀리지 않은 탓도 있었지만, 그보다는 빗소리가 주는 감흥과 여운에 젖어 들었기 때문인지도 모르겠습니다. 소설가 유주현은 빗줄기가 대지를 두드리는 소리를 '태초의 음향'이라고 했는데 참으로 절묘한 표현이 아닐 수 없습니다. 카라얀이 지휘하는 베를린 필하모닉의 교향악도 좋지만, 자연이 연주하는 꾸밈없고 순수 그대로인 음악만은 못 할 것입니다. 그 어떤 음악이 '태초의 음향'보다 더 진한 감동을 우리에게 줄 수 있을까요?

　좋은 미술 작품은 시각을 청각화 한다고 합니다. 그래서 우리는 이중섭의 그림에서 황소의 거친 숨소리를 듣는 것이지요. 마찬가지로 좋은 음악은 청각을 시각화합니다. 저는 오늘 새벽처럼 억수같이 쏟아지는 장대비가 장엄한 곡을 연주하는 날이면 꼭 떠오르는 장면이 하나 있습니다. 그것은 유주현의 글 '탈고 안 될 전설'에 등장하는 두 젊은 남녀, 여승과 외팔이 청년의 아름답고도 슬픈 이별 장면입니다. 오늘 새벽 역시 그러했습니다. 나이에 어울리지 않게 사랑과 이별을 생각하면서 비몽사몽 속에서 1시간 가까이 보냈습니다.

낭만적 몽상에 사로잡혀 이불속에서 그렇게 뭉그적거리다가 6시가 다 돼서야 현실로 되돌아왔습니다. 게으름을 피운 탓에 아침도 거르고 세수도 대충하고 집을 나섰습니다. 상황실에 도착해 보니 이미 많은 동료가 출근해서 분주히 움직이고 있었습니다. 그중에서는 밤샘 근무를 한 동료도 적지 않았습니다. 우리 대한민국이 수많은 어려움을 극복하고 오늘날 여기까지 온 것은 이처럼 보이지 않는 곳에서 묵묵히 일하는 공직자들이 있기 때문이라는 생각을 했습니다. 비판의 목소리도 작지 않지만 그래도 우리 대한민국을 지탱하고 이끌어 나가는 중심세력은 공무원들입니다.

(2013. 7. 22)

공직자의 보람

여야 간 정쟁으로 공전을 거듭하던 국회가 정상화되면서 저도 덩달아 바빠졌습니다. 그동안 밀렸던 의사일정이 한꺼번에 진행되다 보니 국회로 가야 할 일이 잦아졌습니다. 오늘도 예산 심의 때문에 국회에 갔다가 의원회관에 들렸는데 세미나실에서 여수세계박람회 사후활용 방안에 관해 토론회가 열리고 있는 것을 보게 되었습니다. 토론회에서 어떤 이야기가 오고 가는지 궁금했지만 일 때문에 시간에 쫓겨 그냥 지나쳐야 하는 것이 아쉬웠습니다.

여수세계박람회에 관한 이야기만 나오면 20여 년 전, 전남도청 기획계장으로 일하던 시절이 떠오릅니다. 밤낮도 없고 주말도 없이 정말 1년 365일을 일에만 파묻혀 살던 시절이었습니다. 도청 기획계장 자리는 요직 중의 요직으로 전남의 비전과 발전전략을 고민하고 구상해야 하는 중요한 자리였습니다. 1994년 11월부터 1996년 1월까지 1년 3개월가량 기획계장으로 일했는데, 그때 저는 우리 전남의 미래는 '해양화'에서 찾아야 한다고 생각했습니다. 그래서 우리 전남의 특장(特長)인 넓은 바다와 수많은 섬, 그리고 긴 해안선의 활용전략에 대해 늘 고민했습니다.

이러한 고민의 결과물 중의 하나가 '서남해안 관광일주도로' 개설이었습니다. 영광에서 광양에 이르는 해안선을 따라 다도해를 조망하는 도로를 개설하여 해양관광 발전의 기폭제로 삼자고 생각하였습니다. 저는 이 아이디어를 1995년 7월 1일 최초의 민선도지사로 취임한 허경만 도지사님이 도의회 개회식에서 보고할 도정 보고서에 담았습니다. 저의 아이디어는 그 뒤에 국도 77호선 개설 계획으로 구체화되었습니다. 고흥과 여수를 11개의 해상교량으로 연결하는 교량 박물관 건설 프로젝트도 그 일환입니다. 사업 진척이 더딘 아쉬움은 있지만 그래도 저의 아이디어가 우리 전남 서남해안 발전에 크게 이바지하고 있다고 생각하니 적지 않은 보람을 느낍니다.

같은 해인 1995년 12월 어느 날, 여느 때처럼 아침 일찍 출근해 신문을 뒤적거리던 저의 눈길을 끈 기사가 하나 있었습니다. 그것은 국무총리실에서 '해양종합개발계획'을 수립, 발표했다는 기사였습니다. 평소 해양화에 관심이 지대했던 저는 그 기사를 보자마자 계획서 원본을 입수하여 분석했는데 정부의 '2010 해양엑스포' 유치 계획을 발견하고 '그래, 이거야!' 하고 무릎을 쳤습니다. 그래서 바로 '2010 해양엑스포' 유치 추진을 위해 우리 전남이 선제로 대응할 필요성을 담은 보고서를 작성하여 윗분들에게 보고하였고 그것이 실마리가 되어 2012년 여수세계엑스포 유치로 이어지게 되었던 것입니다.

지자체 간 '잘 살기 경쟁'이 치열해지면서 지금이야 중앙부처가 어떤 계획을 발표하면 지자체에서 그것을 입수해 분석하는 것이 당연시되고 있습니다. 하지만 민선 자치시대가 막 개막되었던 1995년 그 당시만 해도 중앙부처의 정책동향을 파악하고 분석하려는 관심과 노력이 없었을 때입니다. 만약 그때 제가 정보를 신속히 입수해 선제적으로 대응하지 않았더라면 우리 전남이 부산이나 인천 등을 제치고 해양엑스포 개최지로 선정되기 쉽지 않았을 것입니다. 여수 해양엑스포와의 인연은 그 후에도 계속되어, 2005년 전남도 해양수산국장으로 재직 시에는 정부의 예비타당성 검토에서 난관에 부딪힌 여수 아쿠아리움 건설이 정부 계획에 최종 반영될 수 있도록 기여했던 일도 잊을 수 없는 추억입니다.

이제 내년이면 저도 공직 생활 29년째가 됩니다. 인생 오십 중반 고개에 올라서 지나온 길을 되돌아보니 내세울 만한 일들이 별로 없어 부끄러운 마음입니다. 그래도 국도 77호선 개설 사업과 2012년 세계박람회 유치에 제가 조그마한 기여라도 했다고 생각하니 다소나마 마음의 위안이 됩니다. 그러고 보면 전남도청 기획계장으로 일 할 수 있었던 것은 저로서는 큰 영광이었고 행운이었습니다. 그때 그 시절, 기획계에서 매일 새벽부터 자정까지 동고동락했던 동료의 얼굴이 새삼 그리워집니다.

(2013. 12. 13)

하산 下山

오늘은 소방방재청에서 같이 근무하는 동료 국장들과 청와대 근처에 있는 '곰솔'이란 식당에서 저녁 식사를 했습니다. 서로 친목과 우의를 다지는 식사자리였습니다. 이런 식사자리에서는 무거운 주제보다는 부담스럽지 않은 가벼운 이야기들이 오고 가기 마련입니다. 오늘 모임에서도 이런저런 잡담 끝에 최근 세인의 관심을 끌고 있는 여성 연예인 성매매 사건이 화제에 올랐습니다. 시중에 떠도는 증권가 찌라시에 등장한다는 성매매 의혹 연예인들의 구체적인 실명까지 나왔습니다. 그런데 어떤 국장이 그러더군요. 거론된 여성 연예인들의 대부분이 한때 인기 절정에 있었지만, 지금은 활동이 뜸하다는 공통점이 있다고….

그 말에 대학 시절 경제학에서 배웠던 '한 번 늘어난 소비는 다시 줄어들지 않는다.'는 '소비의 비가역성' 이론이 생각났습니다. 사실 대중의 인기는 영원할 수 없고 부침이 있게 마련입니다. 매스컴의 온갖 스포트라이트를 받다가도 인기가 식으면 하루아침에 대중의 관심에서 멀어지고 잊히는 것이 연예인의 삶입니다. 수입도 당연히 줄어들지만 '소비의 비가역성' 이론이 시사하듯 과거 화려했던 시절의 소비행태는 쉽게 바뀌지 않을지 모릅니다. 한창 잘 나가던 때의 씀씀이를 못 버리다 보니 여성 연예인들의 경우 힘들이지 않고 거액을 벌 수 있는 성매매의 유혹에 쉽게 빠질 수도 있을 것입니다. 어떤 경우는 인기 상실에 따른 공허함과 상실감을 못 이겨 자살이라는 극단적인 선택을 하는 연예인들도 드물지 않습니다.

문득 제가 전남도청 행정지원국장으로 있을 때 한 지인이 제게 들려준 이야기가 생각납니다. KBS '아침마당'을 보고 전화한다면서 고위공직자와 연예인 중에 자살하는 사람이 많은데 그 이유를 아느냐고 묻더군요. 모른다고 했더니 산에 올라갈 줄만 알았지 내려갈 줄은 몰라서 그런다고 했습니다. 높은 지위, 높은 인기를 누리고 있을 때 이 세상 모든 것이 자기를 중심으로 돌아가는 것 같습니다. 그러나 높은 자리에서 내려와야 하거나 인기가 떨어졌을 때 갑자기 버림받고 외톨이가 된 기분이 들고 그 공허감을 이기지 못해 자살을 선택하게 된다는 것입니다. 그러면서 정상에 있을 때 마음을 비우고 산에서 내려갈 준비를 하라고 충고를 했습니다.

그때 저는 그 지인에게 난 이미 언제든지 하산할 마음의 준비가 다 돼 있노라고 큰소리쳤습니다. 하지만 한 해 두 해 세월이 흐르고 하산해야 할 시기가 가까워지자 그것이 말처럼 쉽지 않다는 것을 느끼고 있습니다. 마음을 비워야 한다는 것은 알지만 끈질기게 제 주변을 서성대는 욕망의 그림자를 완전히 떨쳐버리지 못하고 있습니다. 그럴 때마다 권력의 무상함을 노래했던 송강 정철의 시조를 마음속으로 읊조리면서 마음의 자세를 가다듬어 봅니다.

> 나무도 병이 드니 정자라도 쉴 이 없다
> 호화(豪華)해 서 있을 제는 올이 갈이 다 쉬더니
> 잎 지고 가지 꺾인 후에는 새도 아니 앉는다.[7]

(2013. 12. 18)

---

[7] '정승 집 개가 죽으면 문상객이 들끓어도 정작 정승이 죽으면 개미 새끼 한 마리 얼씬 않는다.'는 말이 생각나는 시입니다. 하지만 병이 든 나무도 되살아나 다시 초록의 울창함을 과시할 날이 오는 예도 있습니다. 지난 2004년 소방방재청 개청 직후 소방국장을 끝으로 공직에서 물러나셨던 분이 올해 초 10년 만에 소방방재청장으로 다시 복귀하리라고는 그 어떤 직원도 예상하지 못했습니다. 그래서 올해 소방방재청 직원들 사이에서 유행했던 말이 '꺼진 불도 다시 보자'는 우스개였습니다.

빛과 그림자

1980년 봄, 제가 대학에 입학하자마자 샀던 책 중에 이극찬 교수의 명저 『정치학』이란 책이 있습니다. 30년의 세월이 흘러 지금은 그 책의 내용이 가물가물하지만 지금도 뚜렷이 생각나는 글귀가 하나 있습니다. 본문 첫 페이지에 나오는 '빛이 있으면 그림자가 있다.'는 말입니다. 이 말은 이극찬 교수가 정치가 갖는 선악의 양면성을 설명하면서 사용했던 것으로 기억합니다. 그 당시에는 그저 단지 멋들어진 표현으로만 생각했는데 세상을 살다 보니 그 말속에 인생의 진리가 담겨 있다는 것을 깨닫게 되었습니다.

지금까지 50년 넘게 짧지 않은 인생을 살아오면서 기쁜 일도 많았지만 힘들고 고통스러운 일도 적지 않았습니다. 그럴 때마다 '항상 빛이 있으면 그림자가 있다.'는 말이 떠오르곤 하였습니다. 그 말을 역으로 되짚어 생각하면 '그림자가 있으면 반드시 빛도 있다.'는 뜻이기도 합니다. 그렇게 생각하고 세상을 바라보니 모든 것이 좋기만 한 일도 하나 없고, 반대로 모든 것이 나쁘기만 한 일도 하나 없다는 사실을 깨닫게 되었습니다. 그 순간은 힘들고 고통스럽지만, 시간이 흐른 뒤에 보면 불행을 가장한 '위장된 축복'이었던 경우도 적지 않았던 것입니다.

2003년 10월 10일, 당시 완도 부군수로 있던 저는 갑작스럽게 전남도지사 비서실장으로 발령을 받았습니다. 모든 사람이 부러워하는 영전이었습니다. 그러나 불과 9개월 만에 모시고 있던 분이 유명을 달리하는 불행한 일이 발생하였습니다. 그때 저는 권력의 무상함과 염량세태의 세상인심을 뼈저리게 경험했습니다. 부군수로 그대로 있었으면 좋았을 걸 하는 생각이 들 정도로 공직 생활의 한 고비였습니다. 그런데 그다음 해 공무원 노동조합 파업이 터지면서 투쟁 강도가 심했던 도내 3개 지자체의 부단체장들이 자리에서 물러났는데 그중에 완도군도 포함되어 있었습니다. 부군수로 계속 근무했었더라면 저 역시 그런 운명을 피해 가진 못했을 것입니다.

세상 모든 일이 그런 것 같습니다. 어느 신부님의 말씀처럼 행복은 반드시 정직한 얼굴로만 우리에게 다가오지 않습니다. 환한 웃음이 아니라 불행의 가면을 쓰고 다가오는 경우가 적지 않습니다. 그러므로 중요한 것은 아무리 어려운 상황에서도 낙관적 태도를 잃지 않는 일이고, 절망 속에서도 희망의 싹을 찾는 일입니다. 벼랑 끝에 서 있을지라도 어둠이 짙을수록 새벽은 가까이 있고 골이 깊을수록 산도 높다는 진리를 잊지 말아야 합니다. 그리고 용기를 내야 할 것입니다.

일본인들이 가장 존경하는 경제인인 마쓰시타 고노스케 회장은 "집안이 가난해 어렸을 때부터 고생한 탓으로 세상을 살아가는 데 필요한 경험을 많이 얻을 수 있었고, 초등학교도 못 다녔기 때문에 세상 모든 사람을 스승으로 삼아 열심히 배우는 것을 게을리하지 않았고, 태어날 때부터 몸이 약해서 항상 운동에 힘썼으므로 건강할 수 있었다."며, 성공한 원인으로 이 세 가지를 꼽았습니다. 마쓰시타 고노스케 회장의 이야기는 우리가 어떤 태도로 삶을 살아가야 하는지를 깨우쳐주고 있습니다.

새해가 밝았습니다. 다사다난했던 계사년 뱀의 해가 가고, 갑오년 청마의 해가 밝았습니다. 새해를 맞이할 때마다 모든 사람이 제발 올해는 좋은 일만 가득하기를 바라기 마련입니다. 하지

뚜벅뚜벅 걸었던 길   241

만 세상사라는 게 우리의 뜻대로만 흘러가지는 않는 것 같습니다. 인생이란 행복과 불행이 날줄과 씨줄이 되어 전개되는 한 편의 드라마와 같습니다. 빛뿐만이 아니라 그림자와 더불어 살아가는 것은 우리의 숙명이라는 사실을 담담히 받아들여야 합니다. 중요한 것은, 마쓰시타 고노스케 회장이 그랬듯이, 어떤 고난과 역경 속에서도 용기와 희망을 잃지 않는 일입니다. 어제보다는 오늘, 오늘보다는 내일이 밝을 것이라는 믿음으로 살아가는 일입니다. 황야를 거침없이 달리는 청마의 기상으로 올 한 해를 희망차게 살기를 소망합니다.

(2014. 1. 6)

불완전할 자유

몇 달 전, 지난 2년 동안 쓰던 스마트폰을 새 기종으로 교체했습니다. 스마트폰을 교체하다 보니 번거롭고 귀찮은 일들이 많았습니다. 전화번호부와 보관 중인 사진들을 내려받아서 옮겨야 하는 것은 물론이고 카카오톡이나 카카오 스토리 같은 프로그램도 새로 설치해야 했습니다. 스마트폰을 쓸 줄만 알았지 세세한 사용법은 모르는 저로서는 실로 땀나는 일이었습니다. 주위의 도움으로 다른 것들은 어떻게 해결했는데 '메모' 앱에 입력해 놓았던 글들은 통째로 옮기는 방법이 없어서 그대로 둘 수밖에 없었습니다.

어제오늘 마침 시간적 여유가 있어 옛날 휴대전화기를 꺼내 놓고 '메모' 앱에 입력해 놓았던 글들을 하나씩 살펴보았습니다. 그중에서 계속 간직하고 싶은 글들을 노트북 컴퓨터로 옮겼습니다. 그렇게 힘들게 작업해서 옮겨 놓았던 글 중에 설총과 원효 스님에 관한 글도 있었습니다. 서울의 한 지하철역 벽에 게재되어 있던 글인데 그 내용이 아주 좋아 입력해 놓았던 것으로 짧지만 제 마음속에 큰 울림을 주었던 글입니다.

어느 가을, 마당을 쓸던 설총 스님이 원효 스님에게 말했습니다.
"스님! 낙엽들을 깨끗이 치웠습니다."
원효 스님은 말없이 낙엽 한 뭉치를 주워 흩뿌리며 말했습니다.
"가을은 원래 이러하느니라."
우리는 매사에 너무 완벽을 추구하느라 오히려 본래의 즐거움을 놓치고 사는지 모릅니다.

이 글을 읽을 때마다 선남노청 과장으로 재직하던 시절, 가끔 어울려 술 한잔 했던 어느 기자의 말이 떠오릅니다. 평소보다 술자리가 길어져 그 기자와 3차인가 4차인가까지 갔던 어느 날이었습니다. 갑자기 그 기자가 정색하고 저를 쳐다보더니 "과장님하고 술을 마시면 기분이 나쁩니다."라고 말하더군요. 그러면서 하는 말이 술을 마시면 같이 취해야 하는데 흐트러짐 없이 꼿꼿이 앉아서 마치 상대방이 어떻게 하고 있는지 주시하고 있는 듯한 느낌이 든다는 것이었습니다. 상당히 가까워졌다고 생각했던 그 기자의 생각지도 못했던 말에 저는 적잖은 충격을 받았습니다. 그날 밤, 술자리를 마치고 집으로 돌아오면서 그 기자의 이야기를 곰곰 곱씹어 보았습니다. 그러면서 그 기자가 진정 나에게 말하고자 했던 것은 '사람의 냄새'였다는 사실을 깨달았습니다.

사람은 신과 같이 완벽한 존재가 아닙니다. 술을 마시면 취해서 흐트러지기도 하고, 때로는 적당히 실수도 해야 사람입니다. 애교로 봐줄 정도의 가벼운 실수는 오히려 인간적인 느낌을 들게 해 다른 사람들과 가까워지게 합니다. 있는 그대로의 자기 모습을 솔직하게 보여주는 것은 상대방에 대한 믿음과 신뢰의 표시입니다. 그래야 상대방도 경계심을 풀고 마음을 열게 됩니다. 그런데 전 술자리에서도 완벽을 추구한 나머지 '사람의 냄새'라는 정작 소중한 것을 놓쳤던 것입니다. 벌거벗은 자신의 모습이 드러나는 것이 두려워 고슴도치처럼 가시를 빳빳이 세우고 경계하는 사람에게 마음을 열고 다가올 사람들은 없을 것입니다.

문득 어느 지인의 카카오 스토리에서 읽었던 글이 떠오릅니다. "우리는 불완전할 자유가 있으며, 그렇기에 용기를 내야 한다." 매사에 완벽을 추구하는 사람은 마음의 여유가 없는 사람

뚜벅뚜벅 걸었던 길

일 수 있습니다. 완벽주의자의 삶에는 다른 사람들의 마음을 받아들일 여백이 존재하지 않기 때문에 그 인생은 외롭고 쓸쓸할 것입니다. 이제는 저도 마음의 여유를 갖고 여백이 있는 삶을 살고 싶습니다. 불완전할 자유를 만끽하고 싶습니다. 자신의 참모습을 있는 그대로 보여주는 것을 두려워하지 않는 참된 용기를 지닌 사람이 되고 싶습니다. 행복은 완벽하고 빈틈이 없는 사람이 아니라 편안하게 다가갈 수 있는 인간적인 사람이 누리는 축복일 것입니다.

(2014. 1. 12)

잔인한 달, 사월을 보내며

지난 금요일, 무거운 마음을 안고 세월호 침몰 사고 현장인 진도에 다녀왔습니다. 오랜만에 찾은 진도 땅은 비극의 현장과는 어울리지 않게 화창한 봄기운이 온누리에 가득했습니다. 울돌목을 건너 진도 땅에 들어섰을 때 제일 먼저 저를 반겨준 것은 양 길섶의 노란 유채꽃과 붉은 영산홍이었습니다. 저의 슬픔을 아는지 모르는지 진도체육관 주변에는 하얗고 붉은 철쭉꽃과 자줏빛 꽃잔디가 화사한 아름다움을 뽐내고 있었습니다. 팽목항으로 가는 길에 바라본 진도의 산들도 연둣빛 고운 신록의 물결로 넘실대고 있었습니다. 조각구름 떠 있는 푸른 하늘 아래 펼쳐진 진도의 산과 들은 글자 그대로 한 폭의 수채화였습니다.

이토록 아름다운 계절에 봄꽃과도 같은 우리 아이들이 서해의 검푸른 바다에서 짧은 생을 마감해야 했습니다. 참으로 애통하고 가슴 아픈 일입니다. 영국 시인 엘리엇(T.S. Eliot)이 1922년에 발표한 '황무지'라는 시가 있습니다. 제1차 세계대전 후 유럽의 정신적 공황과 황폐를 상징적으로 표현한 장편시입니다. 엘리엇에게 노벨상의 영예를 안겨다 주기도 한 그 시의 첫 행에서 엘리엇은 '사월은 잔인한 달'이라고 읊었습니다. 처음 '황무지'를 접했을 때 왜 생명이 움트는 사월을 잔인한 달이라고 했을까 하는 의문이 들었습니다. 전쟁으로 황폐해진 땅에 봄이 돌아왔지만, 여전히 힘겨운 삶을 영위해야만 하는 유럽인의 정신적 고뇌를 표현하고 있다고는 하나 그다지 가슴에 와 닿지는 않았습니다. 그런데 이번 세월호의 비극을 겪으면서 왜 엘리엇이 그렇게 노래했는지 조금은 알 것 같습니다.

사월은 겨우내 죽은 듯 움츠렸던 만물이 소생하는 부활의 계절입니다. 나뭇가지에 새순이 돋고 온갖 꽃들이 앞다투어 피어나는 생명의 계절입니다. 그런 사월이기에 역설적으로 더 잔인한 느낌이 드는지도 모르겠습니다. 사랑하는 아이들을 잃은 부모들에게 개나리와 진달래가 피고, 복숭아꽃 살구꽃 피는 사월은 견디기 힘든 고통의 계절입니다. 자식을 먼저 보낸 괴로움으로 삶이 지옥일 수밖에 없는 사람들에게 새로운 생명이 움트는 사월은 형용할 수 없는 큰 슬픔입니다. 사랑하는 사람을 잃은 이들에게는 차라리 망각의 눈에 덮인 한겨울이 더 따뜻하게 느껴질지도 모릅니다.

잔인한 달, 그 사월이 지나가고 있습니다. 꽃샘바람에 여린 꽃잎들이 휘날리듯, 푸른 생명이 그렇게 스러져간 사월이 가고 있습니다. 사월과 함께 슬픔의 봄도 함께 가고 있습니다. 시간은 무심히 흐르고, 계절의 순환에 따라 사월은 또다시 우리 곁을 찾아올 것입니다. 그러나 앞으로 돌아올 사월은 지금까지 우리가 희망으로 맞이하곤 했던 그런 사월은 아닐 것입니다. 채 피지도 못한 꽃다운 영혼들이 서럽게 진 사월이기에 우리의 가슴은 그들을 잃은 슬픔과 지켜주지 못한 죄책감으로 가득 차 있을 것입니다. 침몰하는 그 순간에도 "움직이지 말고 기다리라."는 어른들의 말을 굳게 믿고 서로 의지하며 죽음의 선실에서 구조만을 기다렸을 그 착한 아이들! 그들의 믿음과 신뢰를 짓밟아버린 우리 어른들이 무슨 낯으로 새로운 사월을 맞이할 수 있을까요?

인인유책(人人有責)이란 말이 있습니다. 어느 한 사람이 아니라 우리 모두에게 책임이 있다는 말입니다. 세월호 침몰 사고는 우리 사회의 총체적 부실을 극명하게 보여주는 비극입니다. 부정과 비리, 잘못된 관행으로 얼룩진 한국 사회가 그 안에 응축돼 있습니다. 어느 일간지 기자의 말처럼 세월호의 침몰이 있기까지 수많은 사람이 각자 자기의 자리에서 알게 모르게, 때로는 우연히 치명적인 잘못을 저질렀습니다. 그 한 사람 한 사람이 저지른 크고 작은 실수가 쌓여 세월호 침몰과 같은 대재앙이 일어난 것입니다. 경중의 차이는 있을지언정 저를 포함해 기성세대 그 누구도 그 책임에서 자유로울 수 없습니다.

이제 잠시 후면 2014년의 사월은 역사의 뒤안길로 사라질 것입니다. 흔히 역사는 반복된다고 하지만 세월호 침몰 사고는 되풀이되지 말아야 할 역사적 비극입니다. 어른들의 잘못으로 죄 없는 아이들이 희생당하는 비극이 이 땅 위에 다시는 없어야 합니다. 그런 사회를 만드는 것이 살아 있는 우리 어른들의 책임이자 죄 없이 숨져간 어린 영령들에게 속죄하는 길일 것입니다. 깊어가는 이 밤, 인인유책(人人有責)의 의미를 되새기면서 부끄러움으로 써 내려간 속죄의 참회록을 어린 학생들의 영전에 바칩니다.

(2014. 4. 30)

열정 시대의 유산

연휴를 맞아 모처럼 집에 머무르면서 오전 내내 책 정리를 했습니다. 조만간 광주를 떠나 대전으로 이사해야 하기 때문입니다. 개인적으로는 주말 부부의 불편함을 감수하더라도 30년 가까이 살아온 광주를 떠나고 싶지는 않지만, 아이들을 위해 이사하자는 아내의 뜻을 따르기로 했습니다. 그래서 이삿짐을 될 수 있는 대로 줄여 달라는 아내의 요청으로 그동안 공직 생활을 하면서 모아 두었던 책과 자료를 정리하면서 일요일 아침을 보냈습니다.

정리할 책과 자료들은 주로 제가 전남도청에 있을 때 업무와 관련해 모아 두었던 것들입니다. 밤을 새워가며 작성했던 각종 보고서와 중앙정부의 동향 파악을 위해 수집했던 정책자료, 그리고 농·어업과 관광발전에 관한 책들이 대부분입니다. 영국 유학을 마치고 귀국하면서 가져온 논문과 세미나 자료, 그리고 초임 사무관 시절부터 손에서 놓지 않았던 영어 단어장들도 있었습니다. 책과 자료를 정리하다 보니 주말도 없이 일에만 파묻혀 살았던 지난날이 떠올라 잠시 감회에 젖기도 했습니다.

버려야 할 것들을 모아 한 곳에 쌓아 놓고 보니 조금 과장해서 이야기하면 작은 언덕 하나가 생겼습니다. 그 모습에 문득 젊은 시절 저의 꿈과 열정이 잠들어 있는 '야망의 무덤'을 보는 듯한 느낌이 들어 감동이 밀려왔습니다. 자료 하나하나에 제가 흘린 땀과 눈물이 배어 있고, 한 권 한 권의 책마다 지역발전에 대한 저의 고뇌와 열망이 깃들어 있다고 해도 지나치지 않을 것입니다. 제 인생의 전부나 다름없는 그런 책과 자료들을 막상 버리고 나니 그 허전함을 무어라 표현할 길이 없습니다.

돌이켜보니 공직 생활을 시작한 지 올해로 만 28년이 되었습니다. 이렇다 할 발자취를 남기지는 못한 아쉬움은 있으나 나름대로 국가와 지역발전을 고민하며 치열하게 살아온 28년이었다고 자부합니다. 이제 저에게는 오직 6년의 공직 생활이 남아 있을 뿐입니다. 하지만 6년이란 세월이 결코 짧은 세월만은 아닐 것입니다. 노력 여하에 따라 그 어떤 것도 이루기에 부족함이 없는 시간입니다. 처음 공직에 입문하고자 했을 때 가졌던 초심을 잃지 않고 남은 공직 생활을 멋지게 마무리하고 싶습니다.

(2014. 5. 6)

공직의 정점에 서서

지난 6월 19일, 대통령의 인사발령에 따라 국민안전처 기획조정실장으로 승진 발령을 받았습니다. 중앙부처 기획조정실장은 1급 공무원입니다. 1986년 4월 7일, 5급 행정사무관 시보로 공직에 입문했으니 29년 만에 일반직 공무원이 올라갈 수 있는 최고위직에 오른 것입니다. 많은 사람으로부터 축하 인사를 받았지만 정작 저의 마음은 고요한 호수처럼 담담했습니다. 제 감수성이 다른 사람보다 무딘 탓도 있지만 '빛이 있으면 그림자가 있다.'는 저의 인생철학이 지나친 감정 표출을 자제하게 하였는지도 모르겠습니다.

한 달쯤 됐을까요? 업무상 일로 산업부 국장 한 분과 점심을 같이 한 적이 있었습니다. 연배가 비슷하다 보니 관심사도 비슷했습니다. 이런저런 이야기 끝에 대화의 주제가 얼마 남지 않은 공직 생활의 마무리로 흘렀습니다. 그때 그 국장이 고위공직자의 행로에 대해 재미있는 이야기를 했습니다. 고위직은 승진하는 것이 반드시 좋은 것만은 아니라는 것입니다. 2급에서 1급이 되면 신분보장을 포기해야 하고, 1급에서 차관이 되면 명예퇴직 수당을 포기해야 하며, 차관에서 장관이 되면 장관직을 물러난 후 산하기관장이 되려는 꿈을 포기해야 한다는 것입니다.

일반적으로 공무원의 정년은 법에 따라 보장되지만 1급 공무원만은 예외입니다. 1급 공무원이 되는 순간 위에서 그만두라고 하면 언제든지 그만두어야 하는 임시직으로 신분이 바뀌게 됩니다. 빛이 있으면 반드시 그림자가 있는 것처럼 승진이라는 빛나는 영예 뒤에는 정년이 보장되지 않는 어두운 그림자가 드리워져 있는 것입니다. 저는 평소 이 세상에 공짜는 없다고 생각해왔습니다. 무언가를 하나 얻기 위해서는 다른 무언가를 대가로 치러야 하는 것이 세상 이치입니다. 그러니 1급으로 승진했다고 해서 마냥 좋아만 할 일은 아닙니다.

저는 매일매일의 인생길에서 부딪치는 크고 작은 일에 대해 그때마다 과도하게 일희일비하지 않으려고 노력했습니다. 그런 관점에서 공직을 떠나는 문제 역시 지나치게 두려워하거나 걱정하고 싶지 않습니다. 달이 차면 기울듯이 우리 인생도 그러해 그저 담담하게 받아들이면 될 일입니다. 어찌 보면 이렇다 할 배경도 없고 역량이 뛰어난 것도 아닌 제가 1급 자리까지 오르게 된 것은 행운입니다. 지금까지 그래 왔듯이 앞으로도 공직자로서 주어진 소임에 온 힘을 다할 것입니다. 그리고 언젠가 때가 되면 모든 것을 훌훌 털고 아무런 미련 없이 석양 속으로 뚜벅뚜벅 걸어갈 것입니다. 저의 승진을 축하해주신 모든 분께 진심으로 감사드립니다.

(2015. 6. 28)

상강湘江의 어부와
남산골 딸깍발이

고등학교 시절 저에게 한문을 가르쳤던 선생님은 한학에 깊은 조예를 가지신 분이었습니다. 학교 수업의 모든 초점이 대학입시에 맞춰져 있는 것은 옛날이나 지금이나 조금도 다를 바 없습니다. 그런데 그 선생님은 대학입시보다는 학생들의 인격도야에 정성을 쏟는 분이셨습니다. 제가 지금 소동파의 적벽부나 도연명의 귀거래사, 그리고 제갈량의 출사표를 조금이나마 읊조릴 수 있는 것은 그 선생님의 가르침 덕분입니다. 오늘 이야기하려는 굴원의 '어부사(漁父辭)'도 그때 그 선생님에게 배웠던 것입니다.

굴원은 중국 전국시대 초나라의 재상으로 혼탁한 세상과 타협을 거부하고 멱라수에 몸을 던져 자살한 분입니다. '어부사(漁父辭)'는 굴원의 작품으로 그가 상강의 물가에서 만난 어부와 대화하는 형식의 시입니다. 세상과 적당히 타협하면서 살아갈 것을 충고하는 어부와 절개와 지조를 버릴 수 없음을 강변하는 굴원과의 대화가 인상적인 시입니다. 뜻을 굽히지 않는 굴원의 완고함에 어부는 빙그레 웃으며 다음과 같은 노래를 부르면서 배를 저어 떠나는 것으로 어부사는 마무리됩니다.

"창랑의 물이 맑으면 내 갓끈을 씻고, 창랑의 물이 흐리면 내 발을 씻으리(滄浪之水淸兮 可以濯吾纓, 滄浪之水濁兮 可以濯吾足)."

상강의 어부와 대조되는 인물의 전형을 우리 역사 속에서 찾자면 딸깍발이가 있습니다. 딸깍발이는 남산골샌님의 별명으로 국어학자 이희승이 쓴 수필 제목이기도 합니다. 옛날 남산골 양반들이 가난한 탓에 맑은 날이나 궂은 날이나 딸깍딸깍 소리 나는 나막신을 신고 다닌 데서 그런 별명이 붙었다고 합니다. 이희승은 『딸깍발이』라는 수필에서 생업은 도외시한 채 글만 읽는 남산골샌님들을 희화적으로 묘사하면서 그들의 무능과 주변머리 없음을 비판합니다. 그러면서도 옳지 않은 일에는 죽음도 개의치 않는 그들의 기백과 강직함만큼은 높이 평가합니다.

그것을 딸깍발이 정신이라고 부르면서 우리 현대인들이 배워야 할 점이라고 강조합니다.

　제가 굴원의 어부사와 딸깍발이 이야기를 꺼낸 이유는 어제 저녁 술자리에서 한 지인이 저에게 털어놓았던 고민 때문입니다. 그 지인도 공무원인데 성격이 대쪽 같고 강직해 원칙주의자로 정평이 난 사람입니다. 한마디로 현대판 남산골 딸깍발이입니다. 그러다 보니 주위 사람들로부터 차갑고 인간미가 부족하다는 비난을 많이 받는다고 하였습니다. 그렇게 살면 주위에 사람이 없고 말년이 외로우니 도와줄 사람은 도와주고 챙길 사람은 챙기면서 요령껏 살라는 충고도 종종 듣는다고 하였습니다. 그럴 때마다 자신이 잘못 사는 것은 아닌지 하는 회의감마저 든다고 하였습니다.

　밤이 늦어 그 지인과 헤어져 집에 돌아오는 길에 생각해 보았습니다. 과연 어떻게 사는 것이 옳은 길일까요? 상강의 어부처럼 사는 것일까요? 아니면 딸깍발이처럼 사는 것일까요? 곰곰이 따져 보니 두 유형 모두 우리가 지향해야 할 이상적 인간상은 아닌 듯합니다. 이해타산이나 따지면서 시류에 영합하는 삶이 우리가 추구해야 할 길이 아님은 자명한 일입니다. 하지만 현실을 도외시한 채 원칙과 이상만을 추구하는 딸깍발이의 삶

역시 문제가 없지는 않아 보입니다. 복잡다단한 인간사회의 문제를 원리원칙이나 이상만을 가지고 해결할 수는 없기 때문입니다. 고(故) 김대중 대통령이 인생을 살아가는 데 있어 '서생적 문제인식'과 '상인적 현실감각'을 동시에 가져야 한다고 강조한 까닭도 바로 여기에 있습니다.

그럼에도 불구하고 딸깍발이의 경우, 현실을 모르는 고지식한 사람으로 치부해 버리기에는 무언가 아쉬움이 남습니다. 지금 우리 사회를 돌아다보면 상강의 어부는 넘쳐나도 딸깍발이는 찾아보기 어려운 것이 현실입니다. 상강의 어부처럼 처세하는 사람들은 유능한 사람으로 평가받지만, 딸깍발이처럼 사는 사람들은 세상 물정을 모르는 사람으로 취급받곤 합니다.

그러나 딸깍발이는 우리 사회의 어둠을 몰아내고 부패를 막아주는 소중한 존재입니다. 우리 사회의 빛과 소금입니다. 그들이 있기에 우리 사회에 양심과 정의가 살아있는 것입니다. 평범한 갑남을녀에 불과한 우리가 딸깍발이와 같은 삶을 살기는 어려운 일입니다. 다만 그들의 올곧은 정신을 존중하는 마음만은 잃지 말아야 합니다. 최소한 고지식하고 융통성 없다고 그들을 조롱하거나 비웃는 일만은 없어야 할 것입니다.

(2016. 6. 19)

어느 일요일의 풍경

오늘은 정부 예산안의 국회 통과로 금년도 정기국회가 사실상 막을 내린 후 처음 맞는 일요일입니다. 국민안전처는 1년 365일 매일 아침 우리나라 재난안전상황을 점검하는 일일 상황회의를 개최합니다. 오늘도 어김없이 아침 일찍 출근해 일일 상황회의에 참석한 후 몇 가지 밀린 남은 일을 처리하고 나니 벌써 점심시간입니다. 그동안 주로 청사 주변 식당에서 점심 저녁을 해결했으나 1년 중 가장 큰 농사인 예산안 통과로 마음이 여유로워진 저는 직원들과 함께 맛집을 찾아 차를 타고 교외로 나갔습니다. 청사에서 차로 10분 정도 이동하면 한적한 시골 마을이 나오는데 그곳의 짬뽕 전문점이 오늘의 목적지였습니다.

청양고추가 들어있어 다소 매운 듯한 짬뽕 한 그릇을 10여 분 만에 해치우고 식당을 나섰습니다. 따라 나오던 실(室) 주무계장이 길 건너편의 카페를 가리키며 이곳에서 짬뽕을 먹고 나면 반드시 저 카페의 커피를 마시는 것이 정석이라고 넌지시 부추깁니다. 식사도 빨리 끝났고, 일요일이라 바쁠 것도 없어 카페로 발걸음을 옮겼습니다. 가까이 가면서 보니 황금빛이 감도는 정원 잔디밭에 소나무 한 그루가 푸르름을 뽐내며 서 있는, 단층건물의 아담한 시골 카페입니다. 'The Cafe'라는 카페의 이름이 제 눈길을 사로잡습니다. 정관사 'The'가 함축하고 있는 행간의 의미를 읽어봅니다. 도시의 카페처럼 세련되고 화려하진 않지만, 시골 처녀의 청순미를 간직하고 있는 카페에 대한 주인의 자부심을 느껴집니다.

문법적으로 영어의 정관사 'the'는 이 세상에서 하나밖에 존재하시 않는 사물 앞에 붙입니다. 태양(sun)이나 달(moon) 앞에 항상 정관사 the가 붙어 다니는 이유입니다. 마스터스, US 오픈, PGA 챔피언십과 함께 세계 4대 메이저 골프대회의 하나인 브리티시오픈의 정식 명칭은 'The Open'입니다. 세상에 하나밖에 없는 유일한 골프대회라는 뜻으로 골프 발상지인 영국에 대한 영국인들의 자존심이 녹아있습니다. 반면에 세계적 석학인 아놀드 토인비의 명저 '역사의 연구'의 영어 제목은 'The

Study of History'가 아니라 'A Study of History'입니다. 문법적으로는 'The Study of History'라 해도 아무런 문제가 없습니다. 그런데도 the 대신 a를 붙인 데서 대학자인 토인비의 겸손함이 그대로 드러납니다. 벼가 익을수록 고개를 숙이는 것과 같은 이치입니다.

 탁자에 앉아 아메리카노 한 모금을 음미하고 있는데 고(故) 김광석의 노래 '잊어야 한다는 마음으로'가 흘러나옵니다. 원래 김광석의 솔로곡인데 여자가수와 듀엣으로 부르고 있어 의아한 생각이 들었습니다. 직원 한 명이 스마트폰으로 검색해 보더니 가수 정인이 김광석의 원곡을 피처링해 마치 듀엣으로 부른 것처럼 리메이크해 나흘 전인 12월 1일 처음 공개하였다고 합니다. 잔잔히 음악이 흐르는 가운데 흘러나오는 '밤하늘에 빛나는 수많은 별/저마다 아름답지만/내 마음속에 빛나는 별 하나/오직 너만 있을 뿐이야'라는 노랫말에 가슴이 뭉클해집니다. 누구나 추억의 책갈피 속에 그런 사람을 한 사람쯤은 간직하고 있겠지요.

 조용히 노랫말을 음미하면서 듣다 보니 대중가요 가사라고 하지만 아름다운 서정시 못지않은 감동이 전해져 옵니다. 사람들이 김광석을 왜 노래하는 음유시인이라고 하는지 알 것 같습니다. 사실 역사적으로 보면 노래의 가사가 점차 시로 발전해 왔음은 주지의 사실입니다. 중국 문학의 원류는 시경(詩經)에서 발원한다고 합니다. 시경은 서주(西周) 초기에서 춘추시대 중엽에 걸쳐 민간에서 유행하던 311편의 노랫말을 공자가 엄선해서 편집한 중국 최초의 가요집으로 중국 시의 원류로 여겨지고 있습니다. 미국의 전설적인 포크 가수 밥 딜런의 노벨문학상 수상을 비판적으로 보는 사람도 있지만 따지고 보면 그럴 일이 아닙니다.

항상 시간에 쫓기며 살다가 모처럼 갖는 여유로운 시간이니만큼 더 앉아 있어도 되련만 공무원은 어쩔 수 없나 봅니다. 일요일이라고는 해도 1시가 훌쩍 넘어가니 특별히 처리할 일이 있는 것은 아니지만, 사무실로 돌아가야 할 것 같은 조바심이 밀려옵니다. 내키지 않은 몸을 일으켜 카페를 나섰습니다. 차를 타러 주차장으로 걸어가다가 아쉬운 마음에 다시 한번 카페를 뒤돌아보았습니다. 유리창을 통해 보이는 시골 풍경이 마음을 아늑하게 만드는 이 카페를 왠지 많이 사랑하게 될 것 같습니다.

(2016.12.4)

나목 裸木

　잠시 후면 숨 가쁘게 달려왔던 2017년이 역사의 뒤안길로 사라지게 됩니다. 한 해를 보낼 때마다 우리는 다사다난이란 말을 즐겨 쓰는데 올해 역시 다사다난이란 말이 정말 어울리는 한 해가 아닌가 합니다. 무엇보다 헌법재판소의 대통령 탄핵 결정은 헌정 사상 초유의 일로 우리 역사의 물줄기를 바꾸는 기념비적 사건이었습니다. 나라다운 나라, 국민이 주인인 나라, 반칙과 특권이 용납되지 않는 정의로운 나라를 건설하기 위한 대장정을 목도(目睹)한 한 해였습니다. 개인적으로도 2017년은 제 인생의 전반기가 끝나고 후반기가 시작된 의미 있는 한 해였습니다. 1986년 4월, 행정사무관 시보로 첫발을 내디뎠던 제가

30여 년간의 오랜 공직 생활을 마감하고 인생 2막을 펼쳐 나가기 시작한 해이기 때문입니다.

 지난 8월 중순 행안부 차관으로부터 후배를 위해 용퇴해 달라는 요청을 받았을 때 박완서의 소설『나목』의 삶이 마침내 저에게도 닥쳐왔음을 깨달았습니다. 소설『나목』은 박완서의 데뷔작이자 체험 소설로 천재 화가 박수근의 작품 '나무와 여인'을 모티브로 한 소설입니다. 소설『나목』에 나오는 옥희도의 실제 모델은 화가 박수근입니다. 박완서는 6·25 전란 중 미군 부대 초상화부에서 그림을 그리며 생계를 유지하던 박수근을 처음 만나게 되는데 그때 그녀의 나이 갓 스물이었습니다. 스무 살 적의 이 운명적 만남이 다시 스무 해가 지난 뒤 마흔 살의 박완서에 의해 소설『나목』으로 탄생하게 된 것입니다.

 『나목』은 6·25 전쟁을 시대적 배경으로 정신적·물질적으로 황폐한 삶을 살 수밖에 없던 사람들이 그 상처를 치유하는 과정을 섬세하게 묘사한 작품입니다. 유부남인 무명화가 옥희도를 사랑하는 이경은 어느 날 그의 집 어두운 단칸방에서 그가 그리고 있는 나무 그림을 보게 됩니다. 하늘도 땅도 분간하기 어려운 혼돈 속에서 꽃도 잎도 열매도 없이 황량한 모습으로 서 있는 나무를 보고 이경은 잔인한 한발에 고사해버린 고목을 떠올립니다. 옥희도와 사랑을 이루지 못한 이경은 다른 남자와 결혼을 하고, 그렇게 세월은 흐릅니다. 그리고 어느 일요일 아침 신문에서 옥희도의 유작전 기사를 읽고 화랑을 찾아간 이경은 그곳에서 지난날의 나무 그림을 다시 보게 됩니다. 그런데 이번에는 그림 속의 나무가 생명력을 잃어버린 고목(枯木)이 아니라 봄을 기다리며 추운 겨울을 맨몸으로 이겨내고 있는 나목(裸木)임을 깨닫게 되면서 소설은 막을 내립니다.

은퇴 후 앞으로 제가 겪게 될 삶은 나목의 삶과 크게 다르지 않을 것입니다. 지난 30여 년간 공무원으로 일하면서 직업 공무원이 올라갈 수 있는 가장 높은 자리인 1급 관리관까지 올라갔으니 나무로 치면 잎이 무성할 대로 무성해져 녹음이 절정에 이른 셈입니다. 온갖 새들이 날아와 지저귀고 무더위를 피해 나무 그늘에 앉아 쉬려는 사람들이 끊이질 않았습니다. 하지만 산이 높으면 골도 깊은 법입니다. 공직 인생의 절정에 다다른 그 순간 저는 촛불이 꺼지기 직전 마지막으로 화려하게 타오른다는 회광반조(回光返照)의 의미를 끊임없이 되새기며 저 자신을 경계하곤 했습니다. 공직에서 물러나게 되면 그 무성한 잎도 하루아침에 져버리고 앙상한 가지만을 드러낸 채 한겨울 북풍한설과 온몸으로 부딪치게 되리라는 것을 알았기 때문입니다.

공직을 그만둔 지 반년 가까운 세월이 흘렀습니다. 세상인심은 제가 예상했던 것과 크게 다르지 않았습니다. 공직을 그만두고 백두(白頭)로 돌아온 저의 모습은 많은 사람에게 더는 그 무엇을 기대하기 어려운 고목으로 비치는 듯합니다. 하지만 염량세태(炎凉世態)가 그러리라는 것을 짐작하지 못했던 바가 아니라 그다지 서운한 생각이 들지는 않았습니다. 제 관심은 그런 사소한 것보다 앞으로 다가올 제2의 인생을 어떻게 살아갈 것인가 하는 데 있습니다. 제 앞에는 두 갈래 길이 놓여 있습니다. 하나는 연금으로 편안한 노후 생활을 즐기면서 서서히 인생을 마무리하는 길이요, 다른 하나는 나 개인(小我)보다는 '더 큰 나(大我)'를 위한 공헌과 봉사에서 삶의 의미를 찾는 길입니다. 전자의 길은 편안하나 삶의 역동성과 보람을 찾기 어려운 고목의 삶이라면, 후자의 길은 힘들지만 강인한 의지와 생명력으로 끊임없이 존재의 의미를 추구하는 나목의 삶일 것입니다.

저는 고목의 삶보다는 나목의 삶을 살기를 원합니다. 비록 지금은 고목처럼 보일지라도 찬란한 부활을 꿈꾸며 새봄을 준비하는 나목이 되고 싶습니다. 은퇴를 뜻하는 retire라는 영어 단어는 '다시, 반복'을 뜻하는 접두어 re-와 자동차의 tire가 결합한 말로 인생의 타이어를 바꿔 끼고 다시 달린다는 의미를 담고 있습니다. 은퇴가 끝이 아니라 새로운 시작이라면 고목의 삶보다는 나목의 삶을 선택하는 것은 당연한 일입니다. 물론 그 삶은 단지 저 자신과 가족만을 위한 삶은 아닐 것입니다. 공직자로서 지난 30여 년간의 저의 삶이 그랬듯이 하느님의 부름을 받는 소천(召天)의 그날까지 흔적이 있는 삶, 생의 가치와 보람이 있는 삶을 추구하는 노력을 멈추지 않을 것입니다.

(2017.12.31)

명함

제가 현직에 있을 때인 2015년 초의 일입니다. 소방방재청 차장(1급)을 끝으로 공직을 떠나 야인으로 계시던 C 씨와 저녁 식사를 한 적이 있었습니다. 식사하면서 많은 대화를 나누었는데 화제가 자연스럽게 은퇴 후의 삶으로 흘렀습니다. 당시 그분이 하신 말씀 중에 가장 인상적이었던 것은 명함 이야기였습니다. 은퇴하고 나서는 명함이 없다 보니 처음 대면하는 사람에게 어떻게 자기소개를 해야 할지를 몰라 머뭇거려진다는 것이었습니다. 전(前) 소방방재청 차장 아무개라고 해야 할지 아니면 백수건달 아무개라 해야 할지 판단이 안 선다면서 은퇴하고 나서야 명함의 소중함을 깨달았다고 했습니다.

명함이 화제에 오를 때면 전남도청 초임 사무관으로 일하던 시절 민원 때문에 저를 찾아오셨던 공직 선배 L 씨도 잊히지 않습니다. 제가 도청에 근무하기 전에 은퇴하신 분이라 개인적 인연은 없었고 그때가 첫 대면이었습니다. 나도 도청에서 일하다 은퇴했단 말씀과 함께 그분이 내민 명함에는 무안군수 직함이 박혀 있었고, 직함 앞에는 前이라는 한자가 볼펜으로 쓰여 있었습니다. 얼마나 오랫동안 가지고 다녔는지 누렇게 색이 바래고 테두리가 다 해어져 너덜너덜해져 있었습니다. 명함은 상대방에게 주는 것이 일반적이지만 그분은 저에게 보여주기만 하고 다시 수첩에 고이 갈무리하셨습니다.

우리는 살면서 역지사지라는 말을 자주 씁니다. 하지만 실제로 상대방의 처지에 놓여보지 않고서는 그 마음을 완전히 이해한다고 말할 수 없을 것입니다. 저 역시 그러했습니다. 그 당시는 제가 C 씨나 L 씨의 마음을 어느 정도 이해한다고 생각했지만 지금 돌이켜보면 그저 재미있는 일화에 불과하였던 것 같습니다. 사실 C 씨의 이야기를 들으면서 '소방방재청 차장으로 있다가 얼마 전 은퇴했습니다.'라고 말하는 것이 무어 그리 어려울까 생각했는데 막상 제가 그 처지가 되다 보니 그게 말처럼 쉬운 일이 아니었습니다.

저 역시 은퇴 후 때때로 "공직에 있다가 최근에 명예퇴직했는데 아직은 옛날 명함뿐입니다."라는 말과 함께 L 선배처럼 옛날 명함을 사용했습니다. 굳이 제 입으로 '내가 옛날에는 이런 사람이었습니다.'라고 하는 낯부끄러운 말을 할 필요가 없어서 좋았습니다. 하지만 자기를 소개하면서 이제는 별 의미가 없는 과거의 직함을 거론하는 것이 너무 구차스럽게 느껴졌습니다.

그렇게 지내던 어느 날 문득 국정원 직원들이 이름과 전화번호만 새긴 명함을 가지고 다니던 일이 생각났습니다. 한 걸음 더 나가 꼭 직장인만 명함을 가지고 다니란 법은 없지 않나 하는 생각도 들었습니다. 명함은 처음 만나는 사람에게 자기를 알리는 데 필요한 정보를 제공하는 수단입니다. 이름과 연락처 외에 보통 직장과 직위를 새기다 보니 은퇴해서 직장이 없는 사람들은 명함이 없는 경우가 일반적입니다. 하지만 직장과 직위가 필수적으로 들어가야 할 이유는 없다는 생각이 들었습니다. 직장과 직위가 없으면 취미로 하는 일이나 소망하고 있는 미래의 꿈을 새기면 될 일입니다. 은퇴 후 취미로 사진 촬영을 시작하면서 사진작가 명함을 가지고 다니던 제 지인이 실제로 몇 년 후 정식 사진작가로 데뷔한 것도 본 적이 있습니다.

은퇴 후 반년가량 백수 생활을 하다 보니 제가 바쁜 공직 생활의 틈을 쪼개 색소폰 배우기를 정말 잘했다는 생각을 하게 됩니다. 색소폰이 무위도식의 삶을 면하게 해 주었을 뿐만 아니라 제가 그럴듯한 명함을 가지고 다닐 수 있게 해주는 일등공신이기 때문입니다. 다소 부끄럽긴 하지만 지금 제 명함의 이름 앞에는 Saxophonist(색소폰 연주자)라는 영어 단어가 멋지게 새겨져 있습니다. 매일 반나절 가까이 색소폰을 불면서 소일하니 현재의 저를 가장 잘 표현하는 말입니다. 또한, 제가 꿈꾸는 미래의 한 모습이기도 합니다. 아직은 부족한 실력이지만 부단히 연마해서 언젠가는 음악을 통한 봉사활동을 펼치고 싶습니다. 다행히 같은 뜻을 가진, 음악을 하는 지인들도 있습니다. 명함에 새긴 호칭이 부끄럽지 않을 그날이 기다려집니다.

(2018. 1. 3)

지방정부

제가 전라남도 기획계장으로 일했던 1995년 초에 있었던 일입니다. 1월 말인지 2월 초쯤인지 정확히 기억나지는 않는데 김영삼 대통령의 전라남도에 대한 연두순시에 대비해 도지사가 보고할 도정 업무보고서를 기획계장인 제가 작성하게 되었습니다. 민선 자치 시대가 된 지금은 대통령 연두순시라는 단어 자체가 없어졌지만, 관선 도지사 시대인 그때만 해도 1년 중 가장 큰 행사라고 해도 과언이 아니었습니다. 그런 큰 행사를 맞아 도정 업무보고서 작성 책임을 진 저의 심리적 압박감은 이루 말할 수 없었습니다.

한 달여를 밤잠을 제대로 자지 못하고 보고서를 준비했는데 고생한 보람도 없이 문제가 발생했습니다. 1995년은 주민 직선으로 지방자치단체장을 선출하는 민선 자치가 출발하는 해였기 때문에, 도정 보고서에 민선 지방정부 출범이라는 표현을 사용했는데 그것이 문제가 됐던 것입니다. 보고를 받던 대통령이 지방자치단체를 지방정부라고 표현한 것은 적절치 않으니 앞으로 사용하지 말라고 강한 질책을 하자 도가 발칵 뒤집어졌습니다. 보고회가 끝난 후 사색이 된 기획관과 기획관리실장이 저를 불러, 그동안 수차례에 걸쳐 같이 보고서를 검토했음에도 불구하고 전혀 몰랐다는 듯이, 왜 그런 표현을 썼냐고 저를 질책하는 등 분위기가 심각했습니다.

그런데 정작 대통령으로부터 직접 질책을 받은 도지사는 달랐습니다. 당시 도지사는 전경련 사무총장 출신인 조규하라는 분이었는데 그분은 저에게 단 한마디의 꾸짖음도 하지 않으시고 오히려 수고했다면 격려금으로 금일봉을 주셨습니다. 같은 사안을 놓고 극명하게 대비되는 상사들의 모습을 지켜보면서 '나는 나중에 어떤 경우에도 부하들한테 경멸받는 비겁한 상사가 되지는 않겠다.'라는 생각을 굳게 했습니다. 공은 부하에게 돌리되 책임은 내가 지는 자세로 공직 생활을 해야겠다는 마음가짐을 다지는 계기가 되었던 것입니다.

대통령 연두순시가 끝난 직후 열린 도의회 도정 질문에서 "지방정부가 맞느냐, 지방자치단체가 맞느냐?"라고 하는 도의원의 질문이 있었습니다. 어떻게 답변할까 고심하던 제가 찾아냈던 답은 윗사람들로부터 많은 칭찬을 받았습니다. '법률적 의미에서는 지방자치단체가 맞지만, 정치적 의미에서는 지방정부도 맞다.'라고 하는 취지의 답변을 써 드렸던 것입니다. 정답인지는 모르겠지만, 대통령 말씀을 부정하지 않으면서 도지사를 곤혹스럽게 만들려고 하는 도의원의 예봉도 꺾는 적절한 답이 아니었나 생각합니다.

진척이 더디기는 합니다만 지금 여야 간에는 1987년 체제를 극복하고 새로운 시대를 열기 위한 개헌 협상이 진행 중에 있습니다. 개헌의 핵심 쟁점은 권력 구조의 개편이 될 것입니다. 입법·행정·사법부 간 수평적 권력 구조뿐만 아니라 중앙·지방 간 수직적 권력 구조 개편을 둘러싸고 여야 간 치열한 논쟁이 예상됩니다. 하지만 수직적 권력 구조에 대해서는 자치입법권과 자치행정권, 자치재정권이 강화되는 지방분권형 개헌이 이루어질 것은 의심의 여지가 없습니다. 현 문재인 정부가 구상하고 있는 시·도지사 참여의 제2국무회의 신설도 이러한 맥락에서 이해할 수 있을 것입니다.

권력 구조 문제에 비하면 덜 중요한 문제일 수도 있지만 시·도나 시·군·구 등 지방자치기관의 명칭을 지방자치단체에서 지방정부로 개칭하는 문제도 논의될 것입니다. 이미 작년 10월 26일 여수에서 열린 '제5회 지방자치의 날' 기념식에 참석한 문재인 대통령이 지방자치단체를 지방정부로 개칭하는 내용을 헌법에 명문화하겠다고 밝힌 바 있습니다. 20여 년 전 지방정부라는 말을 쓰지 못하게 했던 김영삼 대통령 시절과 비교하면 격세지감을 느끼지 않을 수 없습니다.

지방자치단체에서 지방정부로의 명칭 변경은 사소한 문제가 아닙니다. 말에는 보이지 않는 힘이 있어 명칭의 변경은 의식의 변화를 가져오기 때문입니다. 위기에 처한 정당들이 새로운 정치적 변화를 모색할 때 제일 먼저 당명을 변경하는 이유도 그때문입니다. 지방정부로의 명칭 변경은 중앙과 지방 관계를 수직적 관계에서 수평적 관계로 재정립하는 의식 변화의 출발점이 될 것입니다. 지방정부에서 일하는 공무원들의 책임성과 자율성이 고양되는 한편 지역주민도 지방정부에 대해 더 큰 사랑과 애착을 갖게 될 것입니다. 진행 중인 개헌 논의에서 지방자치기관의 명칭 문제에 대해 우리가 모두 관심을 기울여야 할 이유가 바로 거기에 있습니다.

(2018. 2. 5)

소수집단minority의 비애

제가 광양만권경제자유구역청(광양청)에서 행정개발본부장으로 일하던 시절의 이야기입니다. 당시 광양청에서는 ㈜일상의 자본을 유치하여 여수 화양지구에 대규모 관광단지 개발사업을 추진 중이었습니다. 관광단지 개발을 위해서는 내부 간선도로 개설이 필수적이었습니다. 경제자유구역법에 따르면 국가 및 지방자치단체는 도로, 용수 등 기반시설 설치에 필요한 비용의 전부 또는 일부를 우선적으로 지원하여야 합니다. 내부 간선도로 건설에는 약 500억 원의 사업비가 필요했고, 광양청은 국비 50%, ㈜일상이 부담하는 민간자본 50%의 재원조달방안을 반영한 5개년 사업계획을 수립하여 산업통상자원부의 승인을 받았습니다. 그리고 계획에 따라 전남도가 매년 ㈜일상으로부터 50%의 사업비를 기탁받아 국비와 함께 광양청에 교부해주면 광양청은 그 예산으로 도로 건설을 추진해 왔습니다.

그런데 2010년 정부예산(안)의 국회 제출을 앞두고 생각지도 못한 난관에 부딪혔습니다. 산업부의 경제자유구역기획단장이 교체됐는데 새로 온 단장이 전남도에 국비 지원을 하지 말라고 지시했다는 것입니다. 민간기업에 도로건설 사업비를 부담시키는 것은 부당하다는 이유 때문이었습니다. 처음에는 실무진의 문제 제기로 그런 지시가 나온 것으로 생각했는데 알고 보니 신임 단장의 일방적 지시였습니다. 발등에 불이 떨어진 저는 그 단장에게 면담 신청을 하고 프로필을 살펴봤더니 고향이 전남으로 동부권의 한 고등학교 출신이었습니다. 전남 출신이 그런 지시를 했다는 것이 너무 황당하고 믿기 어려워 산업부의 다른 향우들에게 그 단장이 어떤 사람인지 알아보았습니다. 향우들의 대체적인 이야기는 애향심 하고는 거리가 먼 사람으로 고향 일이니 도와 달라는 식의 접근은 전혀 도움이 되지 않을 것이라고 했습니다.

무거운 마음을 안고 산업부 단장을 만난 저는 ㈜일상의 사업비 분담의 타당성에 대한 몇 가지 논리로 그 간부를 설득했습니다. 경제자유구역법에 국가 및 지자체가 도로 건설비를 100% 지원하게 되어 있지 않고, 도로 건설로 ㈜일상이 소유한 부동산의 가치가 크게 상승하며, 화양지구의 관광단지 지정 시 보전임지 해제 등으로 ㈜일상이 이미 상당한 경제적 이득을 얻었다는 점 등을 강조했습니다. 저의 간곡한 설득에도 그 단장은 전남도가 도비로 50%를 부담한다는 공식 문서를 보내오지 않으면 국비 지원이 불가하다는 입장을 끝까지 고수했습니다. 설득에 실패한 저는 바로 도청으로 내려가 도지사께 도비 부담 확약서를 보낼 수밖에 없는 사정을 설명 드렸습니다. 그리고 도로건설 사업비를 도가 부담하는 대신 ㈜일상으로부터는 장학기금 등 다른 명목으로 기탁금을 받는 방식으로 사업을 진행하겠다고 보고 드리고 도지사의 승인을 받았습니다.

공문 발송으로 그 일은 일단락됐지만, 산업부 단장에 대한 저의 서운함과 배신감은 이루 말할 수 없었습니다. 그 후 제가 지인들과 갖는 술자리에서 그가 가끔 술안주가 되었던 것은 어쩔 수 없는 일입니다. 그런데 제가 중앙부처로 올라와 일하게 되면서 이해할 수 없었던 그의 처신의 실마리를 찾게 되었습니다. 지금은 어떤지 모르지만, 그 당시에는 국정원과 경찰청에서 중앙부처 실·국장들의 동향을 주기적으로 체크해 청와대에 정보 보고를 했습니다. 호남 출신 고위 간부 중에는 지역색이 강한 사람으로 보고가 올라가지 않을까 걱정하는 사람들이 적지 않았습니다. 경상도 정권하에서 지역색이 강한 사람으로 낙인찍히면 승진에 불이익을 받을 것을 염려했기 때문입니다. 산업부 단장도 그런 점을 두려워했을지 모릅니다. 그렇다 하더라도 가만히 있으면 될 일인데 일부러 긁어 부스럼을 만드는 식의 처신은 지금도 이해가 되지 않습니다. 아마도 '나는 전라도 출신이지만 전라도를 챙기는 사람은 아니다.'라는 것을 경상도 정권에 보여주고 싶었는지 모릅니다.

중앙부처에서 근무하면서 느낀 점은 경상도 출신들보다 전라도 출신들이 주위 눈치를 의식하는 경향이 강해 보인다는 것입니다. 경상도 출신들은 무슨 일이든 내놓고 하지만 전라도 출신들은 향우회 모임조차도 조심스러워합니다. 경상도 출신 공무원들은 서로 밀어주고 끌어주면서 같이 성장하는 반면 전라도 출신 중에는 '네가 죽어야 내가 산다.'는 제로섬(zero-sum) 사고방식에 젖어있는 분들도 있어 보입니다. 저는 그것이 한 사회에서 소수집단(minority)이 겪을 수밖에 없는 슬픔이자 비애라고 생각합니다. 고위직을 꿈꾸는 전라도 출신들에게 지역 안배 차원에서 극히 적은 자리만 주어졌던, 어둡고 암울했던 시대가 남긴 부정적 유산입니다.

과거 경상도 보수정권하에서 전라도 출신들은 이이제이(以夷制夷) 전략에 말려들어 서로 다투고 헐뜯는 아픔을 겪었습니다. 다행히 지금은 더는 그런 아픔을 겪지 않아도 되는 좋은 시대가 되었습니다. 국민의 정부와 노무현 정부를 거치면서, 그리고 문재인 정부가 들어서면서 모든 것이 달라지고 있기 때문입니다. 특히 고질적 지역감정으로부터 자유로운 신세대들이 우리 사회의 주역으로 등장하고 있습니다. 이제는 우리 전라도 출신 공무원들도 과거의 피해 의식을 떨쳐버리고 고향 발전을 통해 국가 발전에 이바지하는 사람들이 많아지기를 기대합니다.

(2018.4.28)

도광양회 韜光養晦

도광양회(韜光養晦)는 중국의 개혁과 개방을 이끈 덩샤오핑의 외교전략을 상징하는 말입니다. 1989년 5월, 천안문 광장을 뒤덮은 시민과 학생들의 민주화 시위를 유혈 진압한 중국은 그 대가로 미국과 유럽 등 국제사회로부터 고립될 위기에 처했습니다. 그때 덩샤오핑은 위기 극복의 전략으로 '20자 방침'을 제시하는데 그 핵심이 바로 도광양회입니다.

도광양회는 '자신의 재능을 밖으로 드러내지 않고 때를 기다리며 실력을 기른다.'는 의미의 고사성어입니다. 한자를 있는 그대로 풀이하면 '칼날의 빛(光)을 칼집에 감추고(韜), 그믐밤

같은 어둠(晦) 속에서 힘을 기른다(養)'는 뜻입니다. 중국은 덩샤오핑의 방침에 따라 불필요한 대외 마찰을 피하고 경제성장에 국력을 집중해 오늘날 미국과 어깨를 나란히 하는 G2의 국제적 위상을 갖게 된 것입니다.

도광양회는 원래 삼국지연의에서 유비가 조조의 위협을 피하고자 쓴 도회지계(韜晦之計)에서 유래한 말입니다. 유비가 조조의 식객으로 있을 때 조조는 유비의 인물됨을 알아보고 항상 경계했습니다. 그러자 유비는 후원에 밭을 갈아 채소를 가꾸면서 큰 뜻이 없다는 것을 조조에게 보이려 합니다. 비가 억수같이 쏟아지던 어느 날 조조는 유비를 초청해 술을 마시다가 유비의 속마음을 떠보려고 당금 천하 영웅은 자기와 유비 두 사람뿐이라고 말합니다.

깜짝 놀란 유비는 때마침 천둥·번개가 치자 일부러 수저를 땅에 떨어뜨린 후 "아이고 무서워라. 단번에 강산이 뒤엎어지는 듯하구나." 하고 중얼거립니다. 그러자 조조는 사내대장부가 그까짓 뇌성벽력을 두려워하느냐고 조롱하면서 의심의 눈초리를 거두는데 이때 유비가 쓴 계략을 도회지계라고 합니다.

우리나라에서 도광양회의 대표적 인물을 꼽자면 흥선대원군

이하응을 빼놓을 수 없습니다. 구한말 세도정치를 펼치던 안동 김씨 세력은 왕족 중에 좀 똑똑하다 싶으면 역적으로 몰아 죽이거나 유배를 보냈습니다. 안동김씨에 의한 종친 탄압이 심해지면서 목숨 보전을 장담하기 어렵게 되자 이하응은 삼국지의 유비처럼 도회지계를 씁니다. 천하장안(千河張安)의 성씨를 가진 거리의 왈패들과 어울러 투전집과 기생집에 들락거리며 개망나니 짓을 일삼습니다. 파락호(破落戶) 행세를 하면서 안동김씨 상가에 문상을 가서는 개밥 그릇에 밥을 얻어먹고 상갓집 개 같다는 조롱까지 받습니다. 그러나 그 모든 수모를 참고 견디면서 마침내 둘째 아들 명복을 조선의 왕으로 즉위시켰으니 도광양회의 표본이라 할 것입니다.

옛날 전제왕조 시대와 달리 요즘은 능력이 뛰어난 사람이 큰 뜻을 품었다고 해서 목숨이 위태로울 일은 없습니다. 하지만 어떤 일을 도모하려면 경솔하게 움직이지 말고 묵묵히 실력을 길러야 한다는 도광양회의 깊은 뜻은 지금 이 시대에도 여전히 유효합니다.

자전거는 방향 전환점 몇 미터 앞에서 핸들을 꺾어도 큰 무리가 없지만 빠르게 달리는 자동차는 수십 미터의 여유 거리가 필요합니다. 바다를 항해하는 큰 선박은 수백 미터, 하늘을 나는 비행기는 수 킬로미터 전부터 미리 방향 전환을 준비해야 합니다.

선박이나 비행기가 그러한 준비 없이 급격하게 선회하다가는 큰 사고로 이어지기 십상입니다. 우리가 인생을 살면서 진로를 바꾸거나 은퇴 후 새로운 삶을 도모하는 것은 빠르게 움직이는 물체의 방향 전환과 다를 바가 없습니다. 행동에 앞서 도광양회의 시간을 충분히 갖고 미리 준비해야 실패하거나 후회할 일이 생기지 않을 것입니다.

작년 8월 명예퇴직 직전까지 30여 년의 세월을 공직의 세계에서만 살아온 제가 다가오는 월요일 한국지방재정공제회 이사장으로 취임하면서 새로운 세계에 첫발을 내딛게 됩니다. 하지만 지방재정공제회는 행정안전부 산하의 공공기관으로 공제회에서 일하는 것은 공직 생활의 연장이라고도 해도 크게 틀린 말은 아닙니다. 그런 점에서 본다면 공제회 이사장 취임이 제 인생에서 하나의 전환점임은 틀림없지만, 기껏해야 자전거나 자동차의 방향 전환과 다를 바 없습니다.

지방재정공제회 이사장 임기가 끝나는 3년 후야말로 완전한 민간인으로서 저의 새로운 삶이 시작될 것입니다. 그때는 자전거나 자동차가 아니라 대형선박이나 비행기가 방향 전환을 하는 것과 같은 마음가짐과 준비를 저에게 요구할 것입니다.

그런 점에서 제가 완전한 야인(野人)으로서 새로운 삶을 시작하기에 앞서 3년이란 시간적 여유를 갖게 된 것은 정말 크나큰 행운입니다. 앞으로 공제회에서 일하게 될 3년을 국가와 국민을 위한 마지막 봉사 기회이자 저의 진정한 인생 2막을 펼쳐 나가기 위한 도광양회의 소중한 시간으로 삼도록 하겠습니다.

(2018. 4. 7)

고인돌 공원

　주암호는 섬진강의 가장 큰 지류인 보성강의 물줄기를 막으면서 생긴 담수호로서 광주·전남 시·도민들의 젖줄이기도 합니다. 주암호는 그 자체의 풍광도 뛰어나지만, 주변에 수많은 명소가 산재해 있어 관광객들을 유혹하고 있습니다. 조계산 동서 기슭의 대가람 송광사와 선암사, 공민왕의 전설을 간직한 모후산, 그리고 봄이 되면 벚꽃 터널로 유명한 대원사 등은 굳이 설명할 필요가 없는 관광명소입니다. 보성 녹차 밭 또한 멀지 않습니다. 호반 도로를 따라 드라이브하다 목격하는 낮게 깔린 물안개, 물수제비를 뜨며 저공비행 하는 물새 떼 등은 주암호를 가히 천하제일 강산이라 부르기에 부족함이 없습니다.

보성 문덕면의 송재(松齋) 서재필 박사 기념공원과 순천 송광면의 고인돌 공원 역시 빼놓을 수 없는 관광명소입니다. 서재필 박사 기념공원과 고인돌 공원은 1990년대 초반에 조성된 곳으로 그 당시 저는 전남도청 문화재 계장으로서 두 공원의 조성 사업을 직접 추진했었습니다. 두 공원을 방문할 때마다 가슴이 뿌듯하기도 하지만 그에 못지않게 아쉬움 역시 큽니다. 송재가 태어나 어린 시절을 보낸 보성 문덕면의 기념공원에 조성된 송재의 묘는 실은 가묘(假墓)입니다. 1994년 미국에서 봉환된 송재의 유해는 현재 국립 서울현충원에 안장되어 있습니다. 그 당시 저는 송재의 유해를 보성의 기념공원에 모시려고 갖은 노력을 다했지만, 유족들의 완강한 반대에 부딪쳐 뜻을 이룰 수 없었습니다.

고인돌 공원은 주암호 건설로 송광면 일대가 물에 잠기게 되자, 수몰 위기의 고인돌 등 선사 유적을 옮겨 복원해 놓은 곳입니다. 고인돌 공원을 들어서면 거대한 고인돌이 방문객을 맞이합니다. 아쉽게도 진짜가 아니라 황해도 은율에 있는 북방식 고인돌을 실물 크기로 복원해 놓은 것입니다. 고인돌은 북방식과 남방식으로 나뉘는데 탁자 모양이 북방식 고인돌, 바둑판 모양이 남방식 고인돌입니다. 고인돌 공원 안에 전시된 고인돌들은 남방식 고인돌로서 대체로 그 크기가 작습니다. 하지만 남방식 고인돌의 크기가 다 작은 것은 아닙니다. 호남고속도로 상행선의 곡성 기차마을 휴게소에 가보면 거대한 규모의 남방식 고인돌들이 전시되어 있습니다. 1990년대 초 호남고속도로 확·포장 공사를 할 때 도로로 편입될 지역의 고인돌을 옮겨 놓은 것입니다. 제가 문화재계장으로 발령받은 후 그 고인돌들도 송광면 고인돌 공원으로 옮겨 전시하려고 노력했지만, 타이밍을 놓쳐 포기할 수밖에 없었습니다.

사람이든 물건이든 모두 있어야 할 제자리가 있습니다. 장미꽃이 꽂혀 있어야 할 곳은 연필꽂이가 아니라 화병입니다. 그래야 장미꽃도 화병도 빛이 납니다. 그런 점에서 보면 서울현충원에 안장된 송재의 유해나 곡성 기차마을 휴게소에 전시된 고인돌들은 있어야 할 곳이 아닌 자리에 있다는 아쉬움을 금할 수 없습니다. 하지만 아직 늦지 않았습니다. 진심으로 유족들을 설득할 수만 있다면 송재의 유해는 그가 태어난 고향 땅인 보성 문덕에서 영원한 안식을 누릴 수 있을 것입니다. 곡성 기차마을 휴게소의 고인돌 역시 순천시가 나서서 곡성군과 적극 협의를 추진한다면 불가능하지 않을 것입니다. 제가 이루어진 못했던 꿈, 그 미완의 과업을 후배 공무원들이 이루어 주기를 바라는 마음, 간절합니다.

(2018. 9.15)

순천청소년수련원, 30년 만의 방문

1990년, 제가 전남도청 청소년시설계장으로 일할 때의 일입니다. 중앙정부 보조사업으로 건립 예정인 청소년수련시설의 위치를 승주군 운평리로 확정했지만, 문제는 사업비였습니다. 당시 정부지침에 따르면 총사업비는 10억 원 규모로 국비가 50%, 나머지는 지방비 부담이었던 것으로 기억합니다. 당시 전남 관내에는 도교육청이나 민간이 운영 중인 수련소가 몇 군데 있었는데 담양 성암야영장을 제외하고 모두 적자를 면치 못하고 있었습니다. 민간이 운영하는 성암야영장이 유일하게 재정 자립을 이룰 수 있었던 것은 규모의 경제를 확보했기 때문이었습니다. 대규모 숙박시설은 물론 강당과 수영장 등 부대시설을 잘 갖추고 있어 광주·전남은 물론 타 시·도에서도 이용객이 많았던 것입니다.

저는 승주청소년수련소가 준공 후 도나 승주군에 재정적 부담을 주지 않으려면 성암야영장에 버금가는 시설을 갖추어야 한다고 생각했습니다. 그러려면 10억 원의 예산으로는 부족하고 30억 원 이상의 예산이 필요했습니다. 그래서 사업비를 30억 원 이상으로 확대하는 것을 골자로 하는 수정계획을 작성, 윗분들을 설득해 도지사 결재까지 받았습니다. 그리고 그해 추경과 그다음 해 본예산에서 10억이 넘는 사업비를 지방비로 추가 확보했지만, 그것만으로는 부족했습니다. 중앙정부의 추가 예산지원이 절실했습니다. 하지만 당시 주무부처인 체육청소년부에서는 타 시·도와의 형평성 문제 때문에 전라남도만 더 지원해 줄 수 없다는 완강한 태도를 고수했습니다. 난관에 부딪힌 저는 돈줄을 쥐고 있는 경제기획원(지금의 기획재정부)을 직접 설득하기로 했습니다.

경제기획원 담당 사무관과 약속을 잡은 날, 저는 승주군의 담당과장과 함께 과천으로 올라갔습니다. 준비해 간 자료를 펼쳐놓고 경제기획원 담당 사무관에게 국비 추가 지원의 필요성을 설명했습니다. 설명을 다 듣고 난 사무관은 필요성은 인정하지만 타 시·도와 형평성을 고려할 때 추가지원은 어렵다고 했습니다. 끈질긴 설득에도 사무관의 입장이 너무나 완강해 일단 물러날 수밖에 없었습니다. 밖으로 나온 승주군 과장과 저는 다방에 앉아 머리를 맞대고 앞으로 어떻게 할 것인지를 상의했습니다. 이 궁리 저 궁리 끝에 마지막 수단으로 승주군 과장이 그날 저녁 기획원 사무관 집을 찾아가 무릎을 꿇고 하소연이라도 해보기로 했습니다.

그날 저녁 승주군 과장이 담당 사무관 집을 찾아간 효과는 기대 이상이었습니다. 시골에서 올라온 나이 지긋한 과장의 정성에 감동해서인지 적지 않은 국비가 추가로 지원되었던 것입니다. 도비는 물론 국비 확보도 원활히 이루어지면서 사업추진도 탄력을 받게 되었습니다. 모든 일이 순조롭게 진행되는 듯했는데 1991년 봄 시행된 내무부의 전라남도 종합감사에서 생각지도 못한 암초에 부딪히게 되었습니다. 감사관이 애초 정부지침보다 사업비가 많이 늘어난 것을 과다설계로 몰아붙이는 바람에 엄청 고생을 해야만 했습니다. 상을 받아도 모자랄 판에 징계를 걱정해야 하는 말도 안 되는 상황에 몰렸던 것입니다. 다행히 징계까지 가지는 않았지만 '이런 식이면 어떤 공무원이 열심히 일하겠나?' 하는 생각에 분노가 치밀었던 기억이 지금도 생생합니다.

30여 년 만에, 지금은 순천청소년수련원으로 명칭이 바뀐 승주청소년수련소를 찾았습니다. 옛날 꼬불꼬불 비포장도로였던 길이 지금은 2차선 포장도로로 잘 정비되어 있었습니다. 수련소 진입로 왼편에 빽빽이 심어진 배롱나무 숲을 지나 조금 더 올라가니 수련원 전경이 한눈에 들어왔습니다. 삼면이 산봉우리로 둘러싸인 아늑한 계곡 안에 자리 잡은 수련원을 보니 30여 년 전의 옛일이 주마등처럼 스쳐 지나갔습니다. 관리사무소에 들러 현황 설명을 들었는데 한국스카우트 전남연맹에서 위탁운영 중이라고 했습니다. 1993년 개소 이후에도 유스호스텔 등 시설 확충이 꾸준히 이루어져 지금은 운영비를 100% 자체 조달한다고 하니 수련원의 밑그림을 그린 사람으로서 기쁘기 한량없습니다.

순천청소년수련원은 젊은 시절 제가 흘린 땀방울이 배어있고, 활화산 같던 열정이 잠들어 있는 곳입니다. 전남 도내 곳곳에는 제가 도청에서 20년 넘게 일하는 동안 지역발전을 위해 뛰어다녔던 발자취들이 남아 있습니다. 이런저런 일로 도내 여행을 하다가 보면 종종 옛날 열심히 일했던 추억의 편린들과 조우(遭遇)할 때가 있습니다. 제 고향인 순천만 해도 주암 고인돌 공원이나 율촌산업단지, 신대지구 등이 그런 곳입니다. 공직자들이 누릴 수 있는 최상의 기쁨과 보람이 그런 것이 아닌가 합니다.

언젠가 아내와 아이들과 함께 이곳을 다시 방문할 기회가 있을 것입니다. 그때 그들에게 자랑스럽게 이야기하고 싶습니다.

"여보 그리고 애들아! 이 수련원은 아빠가 30대 초반의 나이에 전남도청에서 일할 때 만든 것이란다."

(2020. 3.12)

수구초심 首丘初心

1986년 행정사무관으로 임관한 후 오랜 공직 생활을 돌이켜 볼 때 아쉬운 점이 한두 가지가 아닙니다. 가장 큰 아쉬움은 순천시 공무원으로서 고향을 위해 일할 기회를 단 한 번도 갖지 못한 것입니다. 물론 전남도청이나 중앙부처에서 일할 때 항상 순천을 잊지 않고 음으로 양으로 고향발전을 위해 노력했지만, 그것만으로는 목이 타는 듯한 갈증을 해소할 수 없었습니다. 기회가 전혀 없었던 것은 아닙니다. 두 번의 기회가 있었지만 제가 복이 없었는지 인연이 닿지 않았던 것 같습니다.

첫 번째 기회는 1995년 12월 제가 서기관 승진을 앞두고 있었을 때였습니다. 하루는 전화가 요란하게 울려 받아보았더니 도청 과장으로 계시는 고향 선배였는데 순천시 총무과장의 전화를 받고 저에게 전화한다고 했습니다. 시장님이 저를 순천시 관광문화국장으로 받고자 하는데, 제가 순천시로 오려고 할지 모르겠다면서 그 선배에게 저의 의사 타진을 해달라고 했다는 것입니다. 그래서 "그 친구가 무엇이 아쉬워서 순천시로 가려고 하겠느냐? 가지 않을 것이다."라고 했다면서 혹시 갈 의향이 있으면 자기에게 이야기해달라고 했습니다.

1995년은 단체장 직선이 이루어진 첫해로 아직 관선자치 시대의 전통이 강했던 시절입니다. 그 당시 도(道)의 서기관 인사 관행은 저와 같은 고시 출신은 시군으로 나가지 않고 본청의 과장 보직을 받는 것이 일반적이었습니다. 선배의 전화를 받고 저는 고민이 됐습니다. 민선자치 시대가 개막되었고 고향에서 일하는 것도 보람이 있을 것으로 생각되었기 때문입니다. 그날 저녁 퇴근해서 전화로 순천에 계신 아버지에게 상의를 드렸더니 펄쩍 뛰셨습니다. 아버지 생각으로는 아무리 승진 인사라 하더라도 도에서 순천시로 이동하는 것을 좌천이라고 생각하셨던 것 같습니다. 결국, 아버지의 뜻에 따라 고향에서 일할 소중한 기회를 포기했는데 지금 생각하면 참으로 아쉬운 일입니다.

뚜벅뚜벅 걸었던 길

두 번째 기회는 2009년으로 제가 전남도 행정지원국장으로 근무할 때였습니다. 그해 여름, 순천시 부시장을 포함한 도의 국장급 인사가 단행되었는데 저 역시 인사 대상에 포함되어 있었습니다. 인사를 앞두고 순천시에서도 도청 국장 중에 누구를 부시장으로 받을지에 대한 논의가 있었다고 합니다. 당시 순천시 국장으로 있었던 한 분이 저에게 전해준 후일담에 의하면 시청 국장들이 뜻을 모아 시장에게 저를 부시장으로 추천했었는데 시장이 다른 사람을 낙점했다는 것입니다. 결국 그해 인사에서 저는 순천에서 가까운 광양만권경제자유구역청(광양청) 행정개발본부장으로 발령을 받게 되었습니다.

순천 부시장으로 일하는 것과 비교할 수는 없겠지만, 광양청에서 일하는 것도 나쁘지 않았습니다. 신대지구 개발, 율촌산단과 해룡산단 개발, 기업 유치 등의 일을 하면서 고향을 위해 일한다는 보람을 느낄 수 있었기 때문입니다. 신대지구와 팔마오거리를 연결하는 가산로 개설도 제가 광양청 행정개발본부장으로 있을 때 구상했던 것입니다. 다만 MOU까지 체결하면서 열정적으로 추진했던 외국인학교 메이플립(Maple Leaf)의 유치가 실패로 끝난 것은 두고두고 아쉬움으로 남습니다. 그래도 고향발전을 위해 미력이나마 이바지할 수 있었던 것은 큰 행복이었습니다.

수구초심(首丘初心)이라는 사자성어가 있습니다. 중학교를 졸업하고 고향을 떠난 후 45년 가까이 객지 생활을 하고 있지만 단 한 번도 고향에 대한 수구초심의 자세를 잃은 적이 없습니다. 머지않아 제가 봉직(奉職)하고 있는 한국지방재정공제회의 이사장직 임기가 만료됩니다. 그때가 되면 서울 생활을 접고 아무 미련 없이 그리운 고향으로 돌아가고 싶습니다. 그리고 큰일이든 작은 일이든 상관없이 고향 발전을 위해 무언가 의미 있는 일을 하고 싶습니다. 그것만이 제가 태어나고 자란, 그리고 저를 키워준 고향에 보답하는 길일 것입니다.

(2020. 3. 15)

초문 답례문

삼가 感謝의 글 올립니다.

3월 18일 세상을 떠난 부친의 유품을 정리하다가, 54년 전 어머니와 결혼 전날부터 평생을 두고 써 오신 일기를 읽으며 한동안 침잠의 시간을 보냈습니다. 일기장을 한 장 한 장 넘길 때마다 못난 자식들에 대한 아버님의 크신 사랑은 물론이고 평소 내색하지 않아 감춰진 모친에 대한 깊은 사랑도 가늠해 볼 수가 있었습니다.

삼우제를 마친 날, 앞마당 화단에 서 있는 감나무 가지에 짝 잃은 비익조인 양 이름 모를 새 한 마리 내려앉아, 키 큰 둘째 누님의 망연한 시선을 오래오래 잡아두었습니다. 부친께서 평소 자식처럼 애지중지 보살피던 뜨락의 온갖 화초들도 고개를 숙이고, 예년 같으면 꽃망울을 한껏 뽐내며 터트렸을 거실의 군자란도 슬픔에 잠긴 듯 화사함을 가슴으로 머금고 토해내지 못

합니다. 영면하기 바로 전날 상록수 한 그루를 사기 위해 장터를 돌아다녔다고 일기에 적고 있으니, 부친은 하늘나라에서도 꽃 속에 묻혀 평소대로 활짝 웃으며 지내고 계시리라 믿습니다. 김춘수 님의 '꽃'을 애송하시던 분이니 분명 그리할 것이라는 확신마저 듭니다.

한평생 가족과 꽃만을 사랑하다 가신 부친을 생각하며 그의 소박한 삶을 닮길 기도하나 마음 한편은 무너져 가기만 합니다. 이 공허함이 언제나 가실는지요. 저의 마음이 나락으로 내려앉을 때 따뜻한 위로의 손을 내밀어 붙잡아 주셨으니 감사한 마음 이루 형용키 어렵습니다. 베풀어 주신 은혜, 평생 잊지 않고 가슴 깊이 간직하겠습니다.

일일이 찾아뵙고 정중한 인사 드려야 마땅한 일입니다만, 이렇게 서면으로 인사드리게 됨을 널리 해량하여 주시기 바랍니다. 귀댁의 대소사시에도 꼭 연락 주시어 함께할 수 있는 시간을 주시면 감사하겠습니다. 다시 한 번 감사드리며 늘 건강하시길 진심으로 기원합니다.

김동현 배상